信心语谭

韩忠玉 著

吉林大学出版社
吉林·长春

图书在版编目(CIP)数据

信心语谭 / 韩忠玉著. --长春：吉林大学出版社，2020.8
ISBN 978-7-5692-6881-2

Ⅰ.①信… Ⅱ.①韩… Ⅲ.①中学－学校管理－研究 Ⅳ.①G637

中国版本图书馆 CIP 数据核字(2020)第 158204 号

书　　名	信心语谭 XINXIN YUTAN
作　　者	韩忠玉 著
策划编辑	甄志忠
责任编辑	周　婷
责任校对	柳　燕
装帧设计	辛如杰
出版发行	吉林大学出版社
社　　址	长春市人民大街 4059 号
邮政编码	130021
发行电话	0431-89580028/29/21
网　　址	http://www.jlup.com.cn
电子邮箱	jdcbs@jlu.edu.cn
印　　刷	潍坊新天地印务有限公司
开　　本	710mm×1000mm　1/16
印　　张	18.5
字　　数	211 千字
版　　次	2021 年 1 月　第 1 版
印　　次	2021 年 1 月　第 1 次
书　　号	ISBN 978-7-5692-6881-2
定　　价	68.00 元

版权所有　翻印必究

序言

校长的"道"与"术"

毕唐书

对民族、国家、社会的自信心,没有哪一个时代能比得上我们现在重视,从"四个自信"在庆祝中国共产党成立95周年大会的全面完善,到习近平总书记在十三届全国人大一次会议上讲到的"人民有信心,国家才有未来,国家才有力量",提升强大的民族自信心,在实现民族复兴的追梦路上信心满满地阔步前行,已成民族共识。这也是今天韩忠玉校长的《信心语谭》书稿再次让我兴奋并思绪万千、不由得想再为之写点什么的原因。

大约十几年前,那是李希贵在潍坊市当教育局长的时候,我曾经写过一篇报道潍坊市教育改革的长篇通讯《一座城市的金色名片》。作为潍坊教育的一大亮点,韩忠玉校长和他在安丘四中(安丘市是潍坊市所属的一个县级市)的改革被特别报道。文章后来在《中国教育报》发表,不过发表时全文由原来的2万多字压缩到了7千多字,其中有关韩校长和他在安丘四中的改革部分也不再是原貌。对此,我一直心有不舍,感到有负于韩校长。所以,当韩校长委托我为他的新著写序言时,很自然地想到了这件事。于是,把旧文的原稿又翻出来看了一遍,感到发表时被删节的部分仍然有其价值,所以,在写这个序言时,先把它的要点亮出来,以便读者深入了解现在的韩校长以及他的新著《信心语谭》:

"把每一个孩子的一生变成一个成功而精彩的故事","让所有的孩子都站在阳光下""每一个""所有",自然包括所谓"学困生"。"薄田出高产","鸡窝里飞出金凤凰",安丘四中就是一个奇迹。

安丘四中是一所地处乡下的普通高中,二、三流生源,却创造了高考神话,本科升学率已连续5年居安丘市第一名。早在大学尚未扩招的2004年,650人参加高考,录取本科406人,录取率为62.5%;其中文理应届考生429人,一本上线274人,上线率为63.9%,为山东省本科招收率的两倍;重点本科录取168人,录取率近40%。

在安丘四中,走进一个个教室,处处可见这样的铭言:"我自信,我出色,我努力,我成功""脚踏实地山让路,持之以恒海可移""心志决定命运,态度决定高度"……

在安丘四中,学生"入室即静","静专思主","忘时,忘物,忘我",推门也不抬头……

这里的一切使我想到了这样一支军队:在炮火连天的战场,高唱战歌,发起集团冲锋,敌机在头上长啸,炸弹在身边爆炸,但他们却无动于衷,他们只有一个信念——前进,就是胜利!

这所学校的校长就是韩忠玉。

韩校长中等身材,给人的突出感觉是:和善。他面相和善,总是笑容可掬的样子。但是,就是这样一位和善校长,把一批又一批的"差生"带成了一支战无不胜、攻无不克的"铁军",创造了一个"薄田出高产"的教育神话。

韩校长的教育理念是:自信是成功之母,自卑是失败之父;说你行,你就行。

韩校长说,四中学生基础差,但不等于他们智力差,更不等于潜力小。因此,他提出了"四中学生潜力无穷"的口号,并在全校形成了共识。

为了充分挖掘学生内蕴的巨大潜力,他要求教师必须做到"三个一":每天送给学生一个微笑;每天说一句鼓励学生的话;每天找一名学生谈话。学生从中受益匪浅:"一个微笑"温暖了学生困乏疲惫的心灵;"一句鼓励"激发了学生的自信;"一次谈话"沟通了师生之间的感情。

韩校长认为,教师的一言一行非常重要,向学生注入一种什么信息,就会结出一种什么样的果实。持久的信息注入,就会定格在学生的心灵深层,对学生产生持久的影响,所以学校要求全校教师对学生不能说"不",更不准说"你不行",要说"你行","你一定行","第一是你的"……长期在这种"你能行"的话语氛围里,学生都会感到自己真的行,学习成绩自然会逐渐提高。好的成绩又给学生带来好的心情与新的动力,一种心理与学习之间的良性循环也就形成了。

所以,四中的教师们在班会上经常向学生注入"你能行"的信息,不但讲述世界伟人如何在困难艰险中走向成功的生动故事,也结合在挫折中成才的身边真实的人和事对学生进行"你能行"的心理暗示。

暗示开启了潜力的大门,树立了学生的自信。

"单纯抓高考,高考好不了。"韩忠玉说,"知道感恩的学生因体会到自己的责任会加倍努力学习。我们的学生首先应该是有责任感的人,有了对家庭和父母的责任感,才会有对社会和国家的责任感。"

所以,韩校长执掌安丘四中时,就已经是扬名省内外的名校长了。

记得当时许多学校都前来取经,回去之后,也效法"激情宣誓""三个一",等等,但遗憾的是,结果大都不理想,流于形式不说,有的甚至传为笑谈。记得十几年前在安丘四中采访时,我曾经向韩校长提出过这个问题,当时他笑了,说:"他们只看到了表面形式的东西,而没有看到背后看不见的东西。"对此,我和韩校长有同感。也就是说,一般人只看到了有形之"术",而看不到无形之"道"。以道御术,是境界,是智慧,是艺术,是价值;以术治教,则会步入歧途,成为东施效颦,邯郸学步。

但"道可道,非常道"——教育之道又是难以言说的,所以,当时我并没有从韩校长那里得到很好的答案,而只是凭直觉感到这位校长背后大有文章。

后来,韩校长的教育理念和实践被潍坊市教育局命名为"信心教育法",他本人也被潍坊市教育局由安丘四中选聘到市教科院任副院长分管业务教学。因坊子区高度重视人才,重视教育,他们深谙"有什么样的校长,就有什么样的学校"之道,时任区委书记的丁志伟同志三次找到韩校长,然后又找到当时任市教育局局长的张国华先生,终于把韩校长"挖"到潍坊四中,韩校长这一去一干就是十几年。

值得一提的是,坊子区的历届区委、区政府的领导非常重视教育,都把韩校长视为宝贝。在潍坊四中,韩校长取得的最大成果就是完善和深化了他的"信心教育法",用他自己的话说,就是

"经过几十年的实践与探索,信心教育成功实现了从'教学法'到'信心文化'的嬗变",潍坊四中成了一所远近闻名的山东省教学示范学校,而《信心语谭》,则是这一"嬗变"的魅力呈现,同时也是对十几年前我提及的那个问题的解答。至于具体答案是什么,不必细说,读者自能从中悟得。

但这里我还是要强调一点,教育之所以称其为教育,主要不在于具体做什么,怎样做,而在于谁在做,为什么做。韩校长说,"所有被力量垂青的人,沟通的特质就是'有信'"。无论在安丘四中还是潍坊四中,韩校长的信心教育之所以能够成功,主要原因在于施教者,首先是校长"有信"。"信不足焉,有不信焉。"不少校长热衷于提出自己的所谓教育思想,但是其教育思想在他自己身上从来就不见体现,所以也就不可能被学生认同,不可能在教师和学生身上扎根。而韩校长则不然,他的信心教育的一切构想都首先在他自己身上得到了生动的呈现,所以自然会被"力量垂青"。他在本书"心相、心态与教师形象"一则中说:"心相决定气质和行为习惯,行为习惯决定命运。"教师的精神面貌就是心相,它取决于生命态度、生活状态、生活品质的选择与追求。在物质相对富足、人人追求精神满足的今天,学生的视野也相对开阔,教师要想取得良好的教育效果,除了要钻研教育规律,不断提升业务技能外,还要把自己的生活过好,过得积极,丰富,从容,优雅,这不仅是我们自己的需要,也是教育对我们提出的更高要求!……

总之,只要我们是积极的、阳光的、优雅的,学生从我们身上看到的就是更加美好的教师形象,某种程度上我们就为学生树立了典范。这里虽然讲的是教师,其实更应当是校长。因为学校的魂魄在于学生和教师的心相、心态,而教师和学生的心相、心态则是由校长的心相、心态决定的。桃李不言,下自成蹊。所以,我们完全可以说,韩校长的"信心教育"之所以能够成功,主要是由他这个校长的"心相、心态"决定的,这才是"道"之所在,其他都是"术"。

(作者为全国知名教育专家,曾任《山东教育》杂志主编,长期致力于教育研究,为推动先进教育理念和经验传播做出了突出贡献。)

自 序

我是一个与时间赛跑的人，一个教育的追梦人。近十年以来，对教育随笔的酷爱让我享受到了更多教育的乐趣，每天不写点东西就难以入睡。《信心语谭》是我经过两年时间的整理编辑而成。回首凝眸，感慨万千。

多年来，我始终躬耕于教育教学一线，秉持"以人为本，激发潜能，全面发展"的教育理念，坚持"规范办学不动摇，遵循规律不折腾，提倡创新不守旧，紧抓质量不放松"，寓信心教育于课堂教学、作业批改、学生管理等教育教学各个环节，形成了"三案六步"教学流程，打造了高素质的教师队伍，建立了科学化、人文化、规范化、精细化的三级督导管理体系，实施学生实名量化和综合素质评价，扎实落实立德树人根本任务，努力办好人民满意的教育。坚持每天撰写"信心语谭""忠语良言"，分享自己从教四十年的所思所悟，为师生和家长解疑答惑。

近期，在信心教育使命感的召唤和读者的热切要求下，我对这些凝聚着心血和读者厚望的文字又重新进行了分类整理，并纳入了一部分未曾发表过的文字，现汇集成册，以期与关心、支持信心教育的朋友进行交流。

其实，原本没想到结集出版。编写"语谭"的初衷，是因为时常听到家长们在教育孩子过程中的诸多困惑，目睹老师们在教学和管理中遇到的种种难题，以及在和孩子们的谈心中了解到他们成长的烦恼，就萌生了把从教四十年来的所思、所悟跟大家分享的想法。于是，就有了"信心语谭"的诞生。

自"语谭"在微信朋友圈连载以来，其反响之大让我始料未及。很多读者在阅读后积极分享，广泛转发。这里面有学生家长、学校的同事、我的学生、教育界的同行，甚至还有各行各业的知名人士等，而且不少人通过不同形式发表的感言，字字句句叩击心灵！

他们笔底那富有生命力的文字，有的热情洋溢，有的饱含深情，有的隽永清新，有的文采斐然，一言一语流露出的都是对教育的无限关切！感谢大家对"语谭"的内涵所做的有益补充和深广延伸，这让我深受感动，受益良多。以"语谭"会友，与友人心灵共鸣，志同道合，携手同行，何其幸哉！

特别感谢我们潍坊四中辛勤敬业的班主任们，他们基于爱校敬业之心，为了孩子们健康成长，除了第一时间将每日更新的"语谭"分享给学生和家长外，还结合教学实际和自己的经验对其进行深入解读，开创了信心教育的新境界。我看在眼里记在心里，非常感动！每念及此，笔耕"语谭"、对其文字的打磨和对教育理论的探究便更加有动力。

在写作过程中，我总是热切希望"语谭"里的只言片语能对老师、家长及社会各界朋友们有所帮助，能为孩子们的学习及成长指点迷津，能对我们的教育有所裨益。每天推出的"语谭"，我也力求从多个角度剖析教育规律，力求视野宽广，力求让教师与家长交流沟通时可以借鉴和运用。

知无涯，行有则。路漫漫其修远兮，吾将上下而求索。目前，我们学校在社会各界的热切关注和大力支持下,在老师和同学们的共同努力下,正在迈上一个新台阶,我们的教学和管理也正在提升到一个新的高度。我越来越深切地体悟到,教书育人是一条漫漫长路,探索教育规律,参悟教育真谛,我们永远在路上!

作为学校教育教学管理各个方面跨越式发展的一种见证,愿《信心语谭》一书之出版如空谷幽兰,点缀风尘仆仆之教育追梦者的心灵。虽经几次改稿,仍觉有诸多不足,请读者多提宝贵意见。在未来如歌的岁月里,我愿与大家一起,在教书育人的漫漫长路上,展露追梦者的魅力风华,撷信心教育之花,将齐鲁大地的教育天空装扮得更加靓丽多彩!

韩忠玉

2020 年 7 月

目 录

发展学校

一、领悟精神文化的深刻内涵 …………………………………… 2

二、直达教育初心的不懈探索 …………………………………… 8

三、做智慧型校长，让信念成为改变的力量 …………………… 16

四、做管理型人才，让精细化成为教育的常态 ………………… 23

发展教师

一、敬业乐群中探寻师道真意 …………………………………… 38

二、合作探究中打造高效课堂 …………………………………… 51

三、因材施教中享受教育之乐 …………………………………… 64

四、行动性研究中以反思促提升 ………………………………… 77

五、有效沟通中做和谐师生关系的高手 ………………………… 85

发展学生

一、用目标和信心冲破"我不能"的限制 ……………………… 98

二、用优秀的习惯成就美丽的人生 ……………………………… 115

三、用高贵的品德绽放独特的气质之花 …………… 128

四、用坚持不懈的努力赢得幸运女神的眷顾 ………… 143

五、用信心教育备战高考经验选粹 …………………… 161

发展家长

一、尊重、理解前提下的双核心成功 ………………… 178

二、教育时机的"过期不候" …………………………… 192

三、养成教育的误区与对策 …………………………… 199

发展人性

一、强大的信念,是破解命运密码的钥匙 …………… 218

二、知恩感恩,是追梦者的必修课 …………………… 233

三、酷爱读书,是养大格局的最低门槛 ……………… 244

附一　教师课堂激励用语100例 ……………………… 249

附二　教师作业批改精彩评价用语100例 …………… 257

附三　抬眼看一下窗外 ……………………… 韩忠玉 263

附四　立品如白玉,读书到青云 …………… 梁晓权 269

附五　为教育而生 …………………………… 徐友礼 272

后记 …………………………………………………… 277

发展学校

一、领悟精神文化的深刻内涵

——从特色教法到育人文化的升级

> 学校精神是学校文化的核心和集中体现,是学校的精髓和支柱。
>
> 学校精神文化是学校文化的最高层次,是学校的灵魂,是学校的精神风貌,是构建学校信心文化的核心。

1.信是力量之物

成功需要力量,每名成功者,都有某种力量的加持。每个人获取力量的来源、途径不同,方法也就各异,但有一个很重要的法则就是:力量通过感召而获取。身上不具备吸引力量的某种特质,力量就不会关顾他。

所有被力量垂青的人,沟通的特质都是有"信"。所以,"信",本身就是力量之物。善成者,必善信。

己欲立而立人,己欲达而达人,己欲信而信人。不"信"难以养德,无德之人,行而不远。惟养德方能筑牢生命的根基。

良好的思想品德是人们行动的准则,它会使人乐观生活,努力学习和工作,积极要求进步。无论在何时何地,它总能使人把握住自己,成为生活的强者、事业的成功者。

2. 自信会让你魅力四射,风采无限

自信,是潜能的酵母,是成功的催化剂,是前行的永动机。自信的人,说话做事最有底气,同时也能感染别人。

"信人信己,养德筑基"是信心教育的十大理念之一,强调的是信心教育下的为人原则。俄国批判现实主义作家屠格涅夫说过:先相信你自己,然后别人才会相信你。愿大家树立强大的信心,志行高远,不随波逐流;矢志不渝,不固执己见;百折不挠,不半途而废。成为一个自信的人,你会由内而外地散发着无尽的魅力。

3. 秉信心之光,冲出徘徊的长夜

潜能人人有,但若没有足够的亮光,就经常找不到出口。

信心,就是照亮潜能出口的那一束光亮。

多元智能理论认为,教育的任务在于开发不同学生的潜能,使他们得到令人满意的发展。

人体是一小宇宙,大脑蕴含着无穷的智慧潜能,这是信心教育的理论根基。

信心语谭

我们相信人人都有无穷的智慧潜能，相信所有的孩子都富有魅力，只是他们特点不同而已，学生们有差异，无差生。

发光并非太阳的专利，每个学生都可以发光。我们相信，没有教不好的学生，只有落后的教育方法和暂时落后的学生。即使是普通学生，只要教育得法，也会成为不平凡的人。

4.生命因赏识而美丽，灵魂因自信而强大

教育尤其需要赏识激励。赏识激励能够激发学生心灵的火花，能使人永远充满自信、希望和幸福感。赏识是增强学生自信心最简捷、最有效的途径。若学生的内动力得到充分的提升，学生的学习成绩必有更大的提高。

这需要我们所有任课教师——尤其是班主任，跟学生家长持续不断地、多角度多方式地对学生进行教育和引导。正如人们所说，培养一个孩子需要一个村庄的努力。

5.信心教育能炼养学生学习的主人翁意识

受习惯性思维的影响，长期以来人们并不相信自己是学习的主人，甚至不知不觉中沦为被动学习的奴仆。

信心教育能炼养学生学习的主人翁意识。只有相信自己很棒，在学习过程中才能为自己做主，真正成为静专思主、探求新知、学会做人、学会合作、学会审美、学会健体的全面发展的人。

在足够强大信念的驱动下，教与学是双方主动作为的过程，师生之间逐步增长了彼此的能力与智慧，便能享受到教育的快乐与幸福。

6.信心解读——智慧,高情商,正能量

什么叫智慧?安排的事能做好,没安排的事能想到。

什么叫情商?说话让人喜欢,做事让人感动,做人让人想念。

什么叫正能量?给人希望,给人方向,给人力量,给人智慧,给人自信,给人快乐!

7.信心教育是让灵魂强大的渐变工程

要想使学生更优秀,教育者不但要深信学生潜力无穷,而且应高度认同"说你行,你就行"的理念。因为教育者长久的心理暗示,会固化成学生自己的一种评价定式。学生在这种"我能行"的评价定式中,信心逐渐强化,思想品质和学习品质不断提升。久而久之,自信心的增强、思想品质和学习品质的提升,就会促使他们更加努力,他们的潜能便会得到进一步激发,终有一日会成为最好的自己。

8.用信念开启阳光的世界

教育的目的是什么?这是每一个真正做教育的人都应该认真思考的问题。成绩、名次固然重要,考取名校更是每一名求学者的梦想,但是目光短浅,过度追逐名利,只会阻碍教育的良性发展,影响社会的进步。

教育要严防"为了名次,不择手段"的恶性竞争,重心应转移到引导学生形成懂规则、懂容忍、懂合作、懂谦让和懂示弱等良好品质的培育上,这样的学校教育才能让更多学生拥有立足于社会的资本。

成人比成功重要,成长比成绩重要,经历比名次重要,付出比收获重要。于是,信心教育让我们达成这样的境界:不为学习,

信心语谭

赢得学习;不为成绩,赢得成绩。

我们实施信心教育,就是教给学生们阳光的心态,在未来面对任何挫折和挑战时,让他们能够积极地面对并设法战胜它们。

实施信心教育,不仅在于知识的传授,更在于让学生热爱学习,挖掘学生潜能,让他们习得一种终身学习的能力,勇敢地去探索宇宙的奥秘,为未来开拓一片更广阔的天地!

9.信心教育的效果"固化"

未来社会将非常看重人的品质,"信心教育"倡导当前要把着眼点放在学生的品质锻造上,注重有意识地培养学生诸多优秀特质。这些特质包括:自觉性与自我驱动力、自学能力与自我判断力、领导力与责任感、意志力与危机感、观察力与创造力,等等。这些特质不仅在求学期间对学生学习有益,而且在学生就业后也能助推他们走向成功。

同时,"信心教育"特别注重培养学生观察、思考、分析和应变的能力,语言表达的能力,积极向上的心态和做事严谨、细致的行为作风,还要帮助学生懂得助人为乐、先人后己的道理,养成懂礼仪、讲礼貌的好习惯。

另外,"信心教育"还特别注重培养学生终身学习的能力和学以致用的能力,这两种能力对孩子一生的成长都将起至关重要的作用。

从某种意义上来说,锻造、培养学生优秀的品质和卓越的能力,就是将"信心教育"的影响深化及固化的过程。在优良品质助推下学生获得的成功,也是"信心教育"成果的另一种呈现形式。

10.信心教育的内涵

信心教育既是一种思想,又是一种方法,它融思想与方法为一体。

从宏观上讲,信心教育是一种思想,它引导人们以积极的心态对待生活、学习和工作,以欣赏的目光和发自内心的话语肯定周围的人。欣赏、肯定、鼓励、引导,这就是信心教育法的精髓。

从微观上讲,信心教育是一种方法。无论是在教育教学还是在管理服务中,不放过任何一个机会,把尊重、真诚、信任、赞美和鼓励送给身边的每一个人,把爱的阳光洒遍校园的角角落落,让这里的每一个人都沐浴在教育带来的温暖、愉悦中。

二、直达教育初心的不懈探索

——有一种教育是底气的培育

> 什么是教育的初心？
>
> 从哲学上讲，这是一个见仁见智的问题。但从教育强国的角度思考，教育的初心就是：在学生的灵魂中注入高度自信的基因，帮助他们养成自强不息的底气和舍我其谁的霸气，使他们发奋读书，立志修身，齐家，治国，平天下。
>
> 故，信心教育，是教育初心的直接体现，也是教师践行初心的实操工具。

1.为学生终生发展奠定三个基础

要实现"培养具有自强精神、科学态度、人文素养、家国情怀、国际视野的时代新人"这一育人目标，应该为学生奠定什么样的基础呢？

至少这三个方面是缺一不可的：一是良好的习惯，包括生活习惯、学习习惯、思维习惯等，它决定着一种人生态度与人格品质；二是开阔的视野，它决定着人的境界、追求与高度；三是梦想与责任感，它决定着人内心成长的动力和人生的价值定位。

2. 德才与人的"品级"

有德有才是精品，有德无才是次品，有才无德是危险品，无才无德是废品。能力可以帮助你走得快，但人品才能帮助你走得远。人品的好坏，直接决定了你人生的最终高度！所以，要时刻谨记我们的校训：厚天地之大美，达万物之至理。

天赋固然值得羡慕，但努力才是每一个人走向成功的必由之路。放眼世间，很多比我们优秀的人比我们还努力，我们又有什么理由懈怠呢？

3. 初心的神奇力量

心理学家罗杰斯有句名言："爱是深深的理解和接受。"真正的爱，是不应该附加任何条件的。我们学校经常重申"热爱学生，严格管理，严谨治学"这一治学理念，希望我们的教师能进一步明确：每一名学生都很重要，要发自内心地热爱我们的每一名学生；多去理解学生，换位思考，多从学生的角度去考虑问题。

我们常常会说，善待反对你的人，尊重不喜欢你的人，也要喜欢和你意见相左的人。这些话语其实分量很重。学生是成长中的人、发展中的人，我们要像接纳自己的不完美一样，去接纳他们的缺点并加以引导、矫正，相信只有这样的教育才会事半功倍。

4. 尊师情怀，是难以模仿的高贵

俗话说：一辈子好媳妇，三辈子好人烟。为师之道亦是如此。教师是一种崇高的职业，教师素质的高低，事关下一代的发展，事关民族的未来。当一名好教师是非常不容易的，教师应当受到全社会的尊重。

重视教育，尊重教师，当前是为了自己的孩子，长远是为了国家和民族的未来。

强国要先强教，强教必先强师。教师唯有很好地提升自我的育人能力和教育素养，才可以很好地落实立德树人的根本任务，给每一个孩子公平而有质量的教育！

5. 被误读的寓言——钓竿与钓技的思考

今天和大家分享一个小故事。

有位老人在河边钓鱼，他技巧娴熟，所以没多久就钓了满篓的鱼。一个小孩走过去看，老人见小孩很可爱，要把整篓的鱼送给他。小孩摇摇头，老人惊异地问他为何不要，小孩回答说，想要老人手中的钓竿。小孩说，这篓鱼没多久就吃完了，如果他有钓竿，就可以自己钓，会有一辈子也吃不完的鱼。

小故事，大道理！如果小孩选择鱼篓里的鱼，无异于在"吃老本"，终有一天要"坐吃山空"。在这一点上，小孩的选择是明智的。小孩选择了钓竿，他是不是就非常聪明呢？其实不然。教育讲求"授人以鱼，不如授之以渔"，这里的"渔"是用钓竿钓鱼的"钓技"，而不仅仅是鱼竿，钓竿只是钓鱼必备的工具。有人认为自己拥有了人生道路上的"钓竿"，便再也无惧路上的风雨，这就大错特错了。只有掌握一定的"钓技"，并且不断地提升自己的"钓技"，才能在人生路上任凭风浪起，稳坐钓鱼台。

6. 贵重，因为珍惜

今天和大家分享一个小故事。

有一个生长在孤儿院中的小男孩悲观地问院长："像我这样没人要的孩子，活着究竟有什么意思呢？"院长笑而不答。有一天，院长交给男孩一块石头，说："明天早上，你拿着这块石头到市场上去卖，但不是真卖。记住，无论别人出多少钱，绝对不能卖。"

第二天，男孩拿着石头蹲在市场的角落，意外地发现有不少人对他的石头感兴趣，而且价钱愈出愈高。回到孤儿院内，男孩兴奋地向院长报告，院长笑笑，要他明天拿着石头到黄金市场上去卖。在黄金市场上，有人出比昨天高10倍的价钱来买这块石头。最后，院长让孩子把石头拿到宝石市场上去展示。结果，石头的身价又涨了10倍，由于男孩怎么都不卖，石头竟被传扬为"稀世珍宝"。

小故事，大道理！黄金、宝石之所以值钱，是因为"物以稀为贵"。孩子手中的石头之所以价钱倍增，是因为"石以惜为贵"。人的生命价值也是这个道理，它的贵贱取决于自己的态度，就像孩子手里的那块普通石头一样，在不同的环境下就会有不同的价值。一块不起眼的石头，由于孩子的惜售而引起了众人的关注，自然也就提升了这块石头的价值，最终被传为"稀世珍宝"。

只要自我看重，自我珍惜，昂起头走路，每一个生命都会有意义，有价值。对于万物之灵的人，教育可以使任何不可能变成可能。一块石头，可以因为主人的珍惜而体现出难以想象的价值，何况人呢？老师珍惜学生的自身价值，并善于引导学生珍惜自身价值，这种珍惜就会相互影响，形成一种合力——巨大的信

心力量。这种力量就是撬动地球的那个支点,使一切的不可能变成可能,成为打破"常规"的事实。

7. 有大成就者必有所敬畏

敬畏之心,是一个有素养的优秀之人所必须具备的。因此,我们的教育,应该启迪孩子们有敬畏感,要敬畏老师,敬畏父母,敬畏生命,尤其是要敬畏自然,敬畏法则、规律。

不懂敬畏之人,行而不远,必受法则制裁。

8. 让批评成为孩子成长的营养

孩子被老师、被家长批评,从一定意义上讲,这是一种幸福。孩子的成长不仅需要鼓励的春风和赞美的阳光,也需要批评的雨露。

批评,是孩子成长中必需的养分,正如风的摇摆是小树强身健骨的动能。恰当的批评能让孩子始终保持清醒的头脑,从而在成长的路上走得更稳,走得更远!

9. 使命是生命意义的觉醒

一个人,有没有使命意识,是衡量其人生境界高低的重要标准。当一名教师把教学当成一种使命的时候,他就不再是从事一种职业,更不是在完成某项任务,而是在践行对教育事业的承诺。

肩负重托,牢记使命,以信为本,视生若子,让课堂成为学生发挥优势、施展个性、成就梦想的园地,这是潍坊四中教师独特的教育信仰。

10. 让教育成为一种享受

教育是一种培养人的事业,它本身就蕴藏着无穷的智慧、乐趣和幸福。作为教育工作者,我们应充分体会、挖掘教育工作带来的这种享受,倍加热爱我们的教育事业。

享受教育,让我们从平凡中品味出伟大,从挫折中咀嚼出成功。

享受教育,让我们更加热爱每一个孩子,走进每一个孩子的内心世界,读懂每一个孩子的心意。

11. 教师应该是完美主义者

教育无小事,教育者要养成一颗追求尽善尽美之心,每做一事都应尽心竭力,力求完美,这是优秀教师的重要标志,也是优秀团队的重要标志。凡是优秀教师,凡是优秀团队,他们做事时绝不会满足于"还可以"或"差不多",而是事无巨细,在唯美的追求中前行。

12. "德能"之解读

德是一种生命的能量。我们来解构一下汉字"德":中间有一个大眼睛,下面是一个心脏,左边是一个人行走,最上面的一横一竖代表"正"。目正,行正,心正,就是德。

习总书记在十九大报告当中,讲了9个字,叫"有理想""有本领""有担当"。我觉得这就是对"立德树人"最好的阐释:从"德"字来看,眼睛代表有理想,看得远;行走代表有本领,去行动;心脏代表有担当,胸怀祖国。

要培养德、智、体、美、劳全面发展的社会主义建设者和接班人,就必须把德育放在首位。立德树人是教育的根本任务,是培养

什么人、怎样培养人的根本问题。立德树人,要求我们培养的人才既有高尚的道德品质,又有建设社会主义的真实本领。

13. "待优生"情绪管理的"八多""八少"

要管理好后进生情绪,教师首先要管理好自己的情绪。在此基础上,要努力践行这样的理念——"待优生"情绪管理的"八多""八少":

多欣赏他,让他跟着你干,少敌视他,防止他和你对着干;

多让他生活得愉快和开心,少让他生活得伤心或失落;

多发现他的优点并以表扬、鼓励来发扬它,少指责他的缺点且忌用讽刺、挖苦来强化它;

多给他留面子,少让他下不了台;

多顾及他的自尊心,少用言语伤害他;

多控制自己的情绪,少大发雷霆;

多用幽默和机智化解矛盾,少用生硬冰冷的招式制造矛盾;

多沟通了解,少简单应付。

14. 无创新,即无突破

我们常说的"时势造英雄","近朱者赤,近墨者黑",都强调环境对人的重大影响。但是,处于同种教育环境中的老师,却有着各不相同的人生轨迹,有的优秀,有的平庸,这是为什么呢?

大量成功者的经验告诉我们,优秀与平庸的区别往往在于谁能创新工作,改变环境。甘于平庸的人随波逐流,不思进取,因循守旧,恰如作了茧的蚕,看不到茧壳以外的精彩世界。追求卓越的人高瞻远瞩,不怕失败,善于钻研,开拓进取,恰如第一个敢吃螃蟹的人,之所以知道螃蟹比蜘蛛好吃,定是不惧怕吃蜘蛛而吃过不少蜘蛛,因此成为勇士。

老师们,创新思维,创新环境,创新工作方法,是我们走向卓越所必需。新学期新思维,愿我们人人争当创新型老师——负责任肯动手,勤钻研不怕错,守纪律重团结。向敢于实践、具有创新思考精神的老师学习,多观察、发现、研究他们的教育创新,从而总结出自己的新想法,摸索出新做法。

思路决定出路,格局决定结局。要想拥有更加美好的教育生活,我们必须不断创新,不断改变,这样,才能向着自己的奋斗目标飞奔。

15.我们到底需要培养什么样的孩子?

一直很喜欢陶行知先生的一句名言:"千教万教教人求真,千学万学学做真人。"它道出了教育的真谛——教育最根本的目的是让人成为一个真正的人,促进孩子的健康成长。学习成绩和升学虽然是孩子生命成长过程中很重要的一部分,但并不是全部。如果仅仅关注孩子的成绩和升学,这对孩子将来的成长来说是不够的。

我们应该树立"大教育观",努力培养孩子厚道、善良、守信、宽容、尊重、感恩、诚实、谦虚、正直、执着、进取等优秀品格,努力培养孩子良好的行为习惯和学习习惯,教会孩子明理知礼、吃苦耐劳、辨别是非、认知善恶等人生的道理。只有让孩子真正地成长起来,他的优秀,才能体现在他的日常生活、学习、工作之中,他在学习上的进步与成功,也就会成为自然而然的事情。

信心语谭

三、做智慧型校长，让信念成为改变的力量

——因为被信任，所以决不辜负

> 好的学校，必然是一个能战斗的团队。战力越强，学校的育人能力也便越强。
>
> 战斗的团队必有战魂。师生的必胜信念，就是学校的战魂。

1.做有思想的校长

教育思想是校长长期思考和不断探究的智慧结晶。校长要学会思考，既要高屋建瓴，也要脚踏实地。要勤于思考，要常常思索自己的办学理念、办学目标、办学思路、工作方法、自己及所在

学校的优势和劣势。

做有思想的校长,就要经常读书,经常给自己解放思想。书读得多了,眼界开阔了,就能把自己的思考与自身的实践经验结合起来,发前人所未发,成前人所未成。

2.因为信任,所以不辜负

做教育,不能摆花架子,因为摆着摆着,质量就没了。

做教育,要走扎实有效的教研路,因为研着研着,教师专业素养就高了。

做教育,要走求真务实的品质路,因为走着走着,口碑就更好了。

做教育,应该这样:因为被信任,所以决不辜负。

3."仁厚"是一名校长必须具备的人格品质

"仁厚"是指校长应该有仁爱之心和宽厚的胸怀,用仁爱之心对待学校的每一名学生和每一位教师,用宽厚之心尊重每一名学生,善待每一位教师。时时关心师生的生活,关注师生的工作,常常用欣赏的眼光激励师生成功,用包容的心胸勉励师生成长。只有真正爱护、尊重、理解、包容、欣赏教师和学生,才能引领广大师生成长,进而推动学校的不断发展。

4."睿智"是一名校长必须具备的智力品质

面对日益变化的教育形势和纷繁复杂的管理问题,校长必须能够准确地分析、理性地思考,不断调整工作方向,改进工作方法,这就需要大智慧。作为校长,只有不断地增长教育智慧,才能胜任学校管理工作,才能顺利地履行校长服务师生、推动学校发展的职责。

5. 学校是需要有自己的文化灵魂的

人是需要有一点精神的,学校更是如此,是需要有自己的文化灵魂的。学校文化灵魂是指学校领导以及师生员工追求的共同目标、价值观念和精神境界,它是学校文化的核心。但是,由于种种主客观因素的制约,一直以来,部分学校精神文化不够鲜明,这在某种程度上成了民族发展的桎梏。

作为校长,应该充分调动全校教职工的智慧和热情,集思广益,总结借鉴,概括提炼,完善升华,形成学校的办学思想和文化。

6. 学校文化建设不是一朝一夕之功,而是长期的系统工程

首先,必须制定文化建设的长效机制,加强研究,加强学习,加强管理;其次,在宏观上引领方向,于细微处打磨细节;再次,充分发挥和调动全体师生积极性,共同参与到文化建设中来。

学校文化是加强学生思想品德教育的切入点、着力点和突破口,也是促进学生全面成长最直接、最有效、最持久的载体。真正的"文化建设"要从实际出发,从一点一滴的小事做起,而不仅仅是贴贴标语,喊喊口号。

7. 信心教育的文化力量

经过几十年的实践与探索,信心教育成功实现了从教学法到信心文化的嬗变,如春风细雨,无声滋润着莘莘学子的心灵。

文化是铸造学校特色化品牌的核心要素。它能凝聚教育人的智慧和力量,锤炼教育人的道德素养并提高他们的品质。古今

中外,任何一所名校之所以能超越时间和空间而光芒永存,几乎都是因为具有深厚的文化底蕴和浓厚的人文特色。

8.以校园文化驱动培根之旅

文化是根,学生则像一棵小树苗,根深才能枝繁叶茂,才能长成参天大树;文化是花,学校生活只有五彩缤纷,学生才能茁壮成长;文化是生动感人的故事,校长放下架子,教师俯下身子,用心跟学生交流,才能把一个个活生生的教育经典故事升华成宝贵的文化财富。

9.信心教育价值观——提升师生幸福指数的金钥匙

一所学校如果置师生的人生幸福于不顾,只是片面追求所谓的"教学质量",那生活于其中的教师便成了职业的工具,学生便成了学习的机器,这与现代社会"以人为本"的基本价值取向相去甚远。

没有核心价值观,学校文化的建设就成了一盘散沙。信心教育本身是一种学校核心价值观的产物,是提升师生幸福指数的金钥匙。

10.将信心化入人格,提升人生境界

信心,几乎是每个人都耳熟能详的名词。要充满信心,也是每个人从幼年到成年接受最多的勉励。但是,为什么还有不少人仍然不自信?因为,他们接受的信心仍停留在语言表达的范畴,没有融入血脉,更没有化为人格意志的一部分。

当信心化入人格,你的力量将无穷无尽。

11.办学凭信誉,治学靠用心

当我们以治学之心教学,治学所特有的愿景、方法、收获,也必然把我们的育人能力提升到一个新的层级。

办学凭信誉,治学靠用心。办令家长和社会放心的学校,就要靠以诚信为核心的集体人格,靠以信心为灵魂的团队实力。

育人质量的提高,靠的是以教师为主体所创设、营造的文化环境和浓厚的治学氛围,这种环境和氛围的形成与发展,全凭用心。

12.先脚踏实地,再仰望星空

面对高速发展和复杂的社会,学校要想办好让人民满意的教育,解决好不平衡、不充分的问题,唯有尊重规律,立足当下,俯下身子,静下心来,不偏离,不跟风,不折腾,不懈怠,先脚踏实地,再仰望星空。

只有让教育理念落地不走样,办学行为不脱轨,师生身心不浮躁,理想追求不动摇,一个学校的发展才能真正步入良性发展的轨道。

13.信心教育办学"四不"原则

规范办学不动摇,
遵循规律不折腾,
提倡创新不守旧,
紧抓质量不放松。

14.让教育底色融满人间大爱

校长必须把教育当作事业去追求,把育人当作实现自己人生价值的舞台,这是做好一名校长的基础。

好校长必须心中有爱。心中是否有爱是判断校长是否合格的前提条件,也是度量校长是否有人格魅力最重要的标尺。

心中无爱,何谈敢于担当,勇于创新?我们很难想象,一个不热爱教育、不热爱教师、不热爱学生的校长能够搞好教育!

因此,好校长的一切言行都是为了学生的成长发展,他始终心怀大爱,装着教师,装着学生,装着学校。

这抹教育底色里融注的人间大爱,自当是无法掩饰亦掩饰不住的真情流露。

15.教育教学最需要的品质是爱和责任感

一名教师一辈子能够影响上千乃至几千名学生,而中层以上干部尤其是校级领导至少也应该能影响几百名甚至上千名教师和家长,影响的学生更应是不计其数。

所以,作为教师,作为中层以上干部,尤其是校级领导,特别是校长,必须具有阔大的格局、高尚的人品、宽广的胸怀,始终怀有满腔的工作热情和激情,充满正能量,全身心地投入到教育管理与教学工作中去。

16.团队精神是学校高速运转的关键

团队精神是大局意识、协作精神和服务精神的集中体现。协同合作是团队精神的核心,没有个体与整体的高度合作很难保证组织的高效率运转。

生活在群体之中的每一个人,离不开与其他集体成员的齐心协力,相互配合,只有这样才能实现工作上的优势互补,而相轻相斥,以自我为中心,游离于集体之外,将会损害团队的优势,

信心语谭

害人害己害集体。

新的学期,让我们秉承团队精神,团结协作,以学生为主体,以教学为中心,把各项工作落到实处,努力开创大四中的新局面!

四、做管理型人才，让精细化成为教育的常态

——相互补台好戏连台，相互拆台一同垮台

> 管中虽有术，但术法恢弘，管理者得法，方能成为真正的管理者。
>
> 得法者行之既久，则窥见管理之道，管理则举重若轻。
>
> 在学校管理中，要充分发挥中层干部和班主任的核心作用，以文化引领干部教师寻求自我价值实现，从而创造幸福的教师生活。

（一）中层干部的"六大意识"和"六种素养"之修炼

学校中层干部是校长联系师生的桥梁和纽带，是学校落实各项工作的基点与保障，其思想意识、品格素养决定着学校的教育教学质量，影响着学校的长远发展。

信心语谭

敢不敢担当、有没有责任心是中层干部思想意识的重要反映；执行力行不行、落实力强不强，是中层干部基本素养的重要体现。

中层干部之"中"，大有奥妙。"中坚力量""中流砥柱"，是一名优秀的中层干部该有的内涵。

一是必备"六个意识"

1.政治意识

中层干部必须加强政治理论学习，不断提升思想觉悟，要时时刻刻站在政治的高度指导实践，推动工作，事无巨细都放在大政方针下考量，与党中央保持高度一致，合拍共振。

2.大局意识

中层干部既是管理者，又是被管理者，这就要求大家在工作中顾及全局，任何时候都要站在全局的高度看问题，不打折扣地贯彻执行学校的政策和决议，同时又要积极引导广大教职员工正确理解学校的决策，充分激发每一位员工的工作热情。

3.服务意识

职务是义务，管理是服务。每位中层干部都要增强服务意识，为学校服务，为本部门服务，为其他部门服务。各科室都要以教育教学为中心，全心全意服务于学校发展。如果所有的中层干部都有了强烈的服务意识，原来看不惯的事情就会看着顺眼了，原来感觉麻烦的事情也就不麻烦了。

4.担当意识

敢于担当是党的政治本色、优良传统，也彰显着个人的胆识,体现着一个团队的精气神。得力的中层干部应该是校长施政的左膀右臂,是学校决策的参谋智囊,只有敢于担当,善于担当,才能直面矛盾,正视问题,信心百倍,攻坚克难。只有增强担当意识,才能勇于作为,积极进取,而不是以明哲保身的态度,不求有功,但求无过。

5.责任意识

岗位就是责任,在其位要谋其政,负其责,尽其力。中层干部一定要明确自己的职责范围,坚持"到位不越位,超前不落后,紧跟不踩鞋"的工作原则,一心为公,不敷衍,不推诿。用力工作是尽职,用心工作是尽责。责任意识就是正视困难,不发牢骚,不说负能量的话;责任意识就是想方设法做好工作,否则寝食难安;责任意识就是时时维护学校形象,处处致力于提升学校美誉度。

6.节俭意识

"历览前贤国与家,成由勤俭败由奢。"勤俭节约是中华民族的传统美德,作为中层干部必须要具有节俭意识,要谨记:这美丽的校园、高端的配置,体现着区委区政府对教育的重视和对学校的厚望,凝聚着全区父老乡亲辛勤的汗水、坚定的信任,我们的不管不顾与随意浪费就是最大的犯罪。作为中层干部必须带头养成节俭习惯,日常中多一点在意,少一些随意,行动上求一点效率,少一点拖沓,真正将节俭意识入脑入心,使其根深蒂固,并将其落实到方方面面。

二是需修"六种素养"

1. 严于律己,率先垂范

孔子曰:"其身正,不令而行;其身不正,虽令不从。"中层干部们要对自己高标准严要求,要不断地修心正身,要以不凡的人格魅力和无所不在、无时不有的正能量感染同事,带动同事,以深厚的业务功底和扎扎实实、任劳任怨的工作态度影响同事,激励同事,以德动人,以才服人,身先士卒,率先垂范。

2. 心胸坦荡,虚怀若谷

孔子说:"君子坦荡荡,小人长戚戚。"中层干部一定要为人心胸坦荡,处世光明磊落,要从内心深处真正认识到自己的职位、权力是组织、同事赋予的,只有以谦虚的态度、宽广的胸怀待人,勇于接受批评,不断省察自己,才能赢得领导和同事的信任、尊重和支持。如果一听到批评和异议就心存不满,觉得领导、同事不近人情,甚至发牢骚,说怪话,只会给人留下素质低下的印象,对自己毫无益处。

3. 贯彻落实,真抓实干

"一分部署,九分落实。"习近平总书记曾强调:"如果不沉下心来抓落实,再好的目标、再好的蓝图,也只是镜中花、水中月。"中层干部既是指挥员又是大先锋,工作中绝不能患得患失,优柔寡断,避重就轻。要坚持"不等,不拖,不靠"原则,积极主动地贯彻落实学校的决策。对待工作要想干肯干、能干会干,干不好不松手,干不成不放手,真正做到想干事,能干事,干成事,不惹事。

要力争做到五个到位:头脑到位,勤于思考,事事"未雨绸缪";嘴到位,当讲则讲,随时提醒督促;眼到位,发现问题,及时阻止解决;耳到位,善于倾听,随时了解情况;腿到位,紧靠多转,深入工作一线。要把落实烙在心里,扛在肩上,抓在手里;要铺下身子,沉下心思,果敢执行,扎实做事。

4.与时俱进,开拓创新

"流水不腐,户枢不蠹。"生活每天都在变化,我们的思想观念、经验做法如果不与时俱进,求新求变,终将会被社会淘汰。中层干部需要克服浮躁心态,不断自我反省,积极学习,与时俱进,不固步自封,不自以为是。也许有人认为,中层干部应重在执行,不需要大胆创新。可我认为,执行不是简单复制领导的命令,机械照搬固有的做法,而应该以超前的眼光在实践中发现问题,研究解决问题。中层干部要在工作中开阔眼界,提升境界,以"大刀阔斧"的魄力,不断开拓新局面。

5.团结合作,凝心聚力

一个人时要像一个团队,一个团队时要像一个人。作为团队的组织领导者,中层干部需要增强团结合作意识,具备较强的组织协调能力,要让团队成员"扭成一股绳",心往一处想,劲往一处使。工作中,要力求互相配合,互相支持,互相尊重,互相帮助,要做到自己的工作自己做,他人的工作帮着做,集体的工作抢着做。要淡化名利,抛却"私"字,吃苦、吃亏在前,荣誉、利益退让。要知道,属于你的荣誉,组织自会给你;不属于你的利益,争也无用。只有这样,才能凝心聚力,聚沙成塔。

6.实事求是,推贤举能

人才是一个国家、一个单位发展的核心竞争力。青年教师是学校发展的核心竞争力,是学校长远发展的根本。中层干部不仅要做好、管好自己,还要重视人才的培养,要用敏锐的眼光发现身边同事的长处,给他们创造机会,提供舞台;要以公平公正、实事求是的态度对待每一位教师,不以个人情感论亲疏,不因害怕被超越而嫉贤妒能,而要真心实意地关心、帮助身边的人进步,襟怀坦荡地推贤举能。

最后,我想特别指出的是,在处理自己与其他中层干部的关系时,绝对不能话不投机,冷言相向,强词夺理。中层干部之间因工作问题有矛盾很正常,重要的是怎样去处理。建议大家多学学蔺相如顾全大局之心胸,学学廉颇勇于纠错之诚意,任劳任怨做事,踏踏实实做人,以行动树起威信,以品德立起形象,从而更好地开展工作。

学校是我家,发展靠大家。愿我们中层干部都行动起来,强化"六大意识",修炼"六种素养",从而进一步提升执行力,变执行不力为执行有力、执行给力和执行到位,一起聚精会神抓管理,齐心协力促发展,唱响时代主旋律,谱写灿烂新华章。

(二)班主任的"六昧真火"
——谈优秀班主任如何炼"六心"聚"六气"

班主任是班级工作的策划者、引导者、组织者、协调者,一个积极上进、正能量满满的班集体,离不开优秀班主任的非凡心智与精心经营。

俗话说,强将手下无弱兵。从某种意义上讲,一名好班主任就是一个好班级。那么,怎样才能做一名优秀的班主任?班主任在工作中应关注什么呢?我在四十年的一线教育教学和校长岗位上经历、目睹了很多,感慨也很多,现将自己的一点心得与诸位同仁分享,暂且将它称之为"班主任工作的'六昧真火'"。

一是炼"六心"

1. **初心**——记初心,助成长。时刻铭记肩负的责任,明确当班主任的初衷,让每个学生因"我"而成长得更好,别无他求。

2. **真心**——付真心,常暖心。真心对学生好,投入真情实感,让学生能真切体会到你是真心对他好的人,这是做好班主任的前提。并且,争取每天都抽出时间"非正式"地和几个学生谈谈话,交流交流思想,帮他们解决困惑,让他们经常感受到来自老师的温暖。

3. **爱心**——人为本,要公正。热爱是最好的老师,热爱学生才能让学生亲其师,学生亲其师才能信其道。班主任发自内心地去关爱与尊重每一个学生,才不会使"每一个学生都很重要""公平公正地对待每一名学生"成为空话,才能将这些理念落实到教育的方方面面。

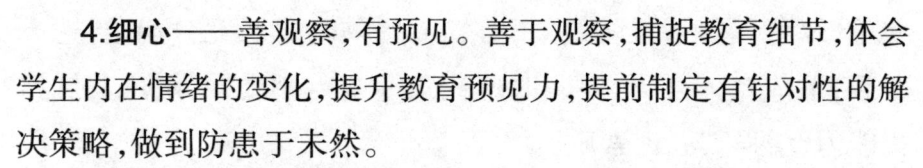

4. **细心**——善观察,有预见。善于观察,捕捉教育细节,体会学生内在情绪的变化,提升教育预见力,提前制定有针对性的解决策略,做到防患于未然。

5. **耐心**——要从容,有格局。班主任工作繁琐,面对几十名学生,需要不断磨练自己的心性,培养从容不迫的气度,历练不斤斤计较的大气场,学会从有利于学生长远发展的角度处理问题,把握教育规律,练就教育的大智慧、大格局,力争做学子一生的贵人!

6. **信心**——提信心,长士气。借助"信心语谭",并结合教学实际,和家长一起不断给学生以信心激励,发自内心地相信每一个学生都有无限的潜能:你行!你能行!你一定能行!让每一个学生都自信满满:我行!我能行!我一定能行!

二是聚"六气"

1.大气——大胸怀,有担当。大气的班主任,明智,果敢,沉稳,从容,乐观,阳光;大气的班主任,胸怀宽广,视野开阔,不要小聪明,不拈轻怕重;大气的班主任,不随便在学生、同事面前发泄自己的不满,表露不良情绪,而是以自己独特的人格魅力和良好的行为习惯影响学生的心智,培养学生健康的"三观"。另外,有担当还体现在重视养成教育,善于利用"严、细、实、靠"和"静、专、思、主"的管理原则,养成学生良好的行为习惯。

2.正气——明奖惩,炼素质。教育的出发点不是让学生"就范",更不是体罚和心罚学生,而是让学生更好地快乐成长。班主任一定要做正义的化身,抑恶扬善,赏识和训诫都要合情,合理,合度,因人、因事、因时而异,把握好分寸,十之七八的鼓励与激励,十之二三的"唠叨"与责罚,最有利于塑造孩子健康的人格。实施"绿色"惩戒(不体罚、不心罚),提前与家长充分沟通,达成一致,形成育人合力,时不时地让孩子受点小委屈,锻炼其抗挫折能力,增强其心理素质。

3.底气——善思考,寻方法。针对班内问题,集体教育雷声大,个别教育雨点小;勤关注课间、课后,多到教室转一转,走一走,不是自己的课堂,也时不时去看一看,抓住契机教育学生;学会和学生斗智斗勇,但任何时候都不要跟学生斗气,心存做"大写之人"的底气,斗法不斗气,方成大事。

4.灵气——有创意,营氛围。班主任应自上而下散发着灵气,学会创造性表达,用"心"意成就班级里每一天的"新"意。营造班级浓厚的文化氛围,时刻陶冶学生的情操,让学生始终保持昂扬向上的精神风貌。

5. 神气——有学识，精神足。神气指的是一个人的精气神，神气充足的人智慧就高。精神充沛自然会生大智，精神萎靡智慧就生锈。教师有精气神，有真才实学，让学生时时感受到你的气场和魅力，让学生对你心生敬佩，这才是最佳的教育关系。无论是课堂上还是管理过程中，"神气"都是学生对班主任最高的褒奖。如果再经常拿起笔，写写"我和学生的故事"，并选择性地与学生分享，那是"神气"更高层次的升华。

6. 和气——家校合，心连心。家长望子成龙、望女成凤心切，与班主任有着天然一致的初衷。所以，在教育过程中，班主任要与家长和和气气，达成一致，借助家长的亲情优势对学生进行家校协同教育，效果自会事半功倍。

亲爱的班主任们，你们肩负重任，从事着学校里最辛苦的工作，感谢你们的勇于担当与对学生的真心付出！愿在未来的日子里，我们齐心同行，炼"六心"，聚"六气"，用自己的"六昧真火"不断开拓创新，在立德树人、教书育人的道路上不惧风雨，昂首向前，共享一段幸福美好的教育旅程！

（三）班主任要注意"经营"第一印象

学生对新班集体的最初印象将在一定程度上决定以后的班风，老师和学生的"第一次见面"，将直接影响未来几年的师生关系和班级建设。开学在即，借此机会给班主任提以下几点建议，以供参考：

第一，可给学生精心准备一份"见面礼"，这"礼物"可以是一句有意义的话，可以是一个小故事、一封短信，可以是一张有纪念意义的小贺卡、一本小册子，还可以送给孩子一个期望……形式可以不拘一格，只要从爱出发，孩子们都会很愉快地接受。

第二，通过领取新教材、打扫教室卫生等事情让学生主动为他人服务，体验奉献的光荣，并对积极参与班级事务、集体荣誉感强的孩子大加表扬，抓住一切机会从一开始就树立良好的班风。

第三，在学生中进行"我心目中的班集体""我理想的班主任"等问卷调查，内容可以多样化。

（1）你小学和初中时遇到的最好的老师是谁？他（她）最突出的优点是什么？你希望老师向他（她）学习什么？

（2）你希望我们的班级是什么样的集体？为达到这个目标，你有什么好的建议吗？

（3）你愿意担任班干部吗？你有何特长或爱好？你可以在哪些方面为集体出力？

第四，举行"记者招待会"，所有学生都是"记者"，向班主任提问（任何问题都可以提，然后班主任作答），以此增进师生间的了解，加深感情。

第五，班主任要善于观察，捕捉细节，要积极发现每位学生不经意表现出来的各种亮点，然后将其变成宝贵的教育资源，以此来激励学生的信心。

只要班主任抱着教育的"初心"，愿意"用心"，付出"真心"，具备"细心""爱心""耐心"，始终用"信心"激励学生，相信班级一定会向着好的方向发展，呈现你所希望的盛景！

（四）班主任，别拉低了自己的情商

曾有一位朋友，跟我聊起班主任（包括老师）和学生的关系，他的一番话让我感到很有讲讲这个问题的必要。

他说，以严厉出名并且整天让人害怕的班主任（老师），虽然

教学成绩等各方面很优秀，但不是一流的班主任（老师）。这样的师生关系对立紧张，不很和谐，矛盾一触即发。一旦老师与学生有点摩擦，就很难处理。甚至有些班主任（老师）被学生气得拿出"有我没他"的架势，水火不相容，心情很糟糕，工作也受到了影响，老师自己可能还觉得很辛苦，很委屈：为什么自己的苦心学生不理解？

其实，这是工作心态使然。老师在与学生的长期相处中，不知不觉被十七八岁的学生同化，往往思维水平、心理年龄被拉低，遇到学生犯错就会大动肝火，这完全没有必要。请老师们静下心来想想：难道你们自己十七八岁时就不叛逆、不惹人生气吗？

学生毕竟比老师年轻得多，且正处于叛逆期，所以，班主任（老师）应该学会包容学生的缺点，并且想方设法教育他们，如果把他们转化好了，这是班主任（老师）的水平与功劳。

班主任（老师）要有"拿下"所有学生的气魄与格局，而不是想方设法把他赶到别的班级、别的学校，逃避教育责任。那样，学生在感受被孤立的同时，也许会留下一辈子都消磨不掉的心灵阴影，影响心智发展，更别说对老师对学校留有好印象，这是违背教育初衷的。

我们与学生是一场难得的缘分，应该倍加珍惜。我们在教育田野里辛勤耕耘，希望的是桃李满天下，而不是仇人遍天下。

一流的班主任（老师），有大气场、大格局，有大胸怀、大智慧。学生们敬他，不害怕他，自律自强，乐学高效，班风正，学风浓，成绩好。在一流班主任（老师）的管理下，越是"难办"的学生，与班主任（老师）越亲近，毕业后与班主任（老师）关系也越密切。

教育者的任务，一是育人，二是教书。希望我们学校的班主任和老师,不仅会教书,成绩一流,也要善于育人,让所有与你有缘的孩子愉快地共度难忘的青春时光。

(五)在平凡中成就不凡之功勋

2019年国庆节前夕,习总书记签署主席令,授予八位杰出人士"共和国勋章",随后颁授仪式在人民大会堂隆重举行。根据相关法律规定,"共和国勋章"授予为党、国家和人民的事业作出巨大贡献、功勋卓著的杰出人士,是国家的最高荣誉。

泱泱华夏,十四亿国人中,何人能享有如此殊荣?"共和国勋章"八位获得者,昭如日月,朗若星辰。

他们是:隐姓埋名几十年,填补了原子弹理论空白的著名核物理学家于敏;实现了中国人飞天梦想,为新中国航天事业的发展立下卓越功勋的孙家栋;倡导男女平等并推动"男女同工同酬"写入宪法,推动老区经济建设和人民脱贫攻坚的申纪兰书记;为建立、保卫新中国做出重大贡献,为党和人民保卫祖国一辈子的战斗英雄李延年;在解放战争中浴血疆场视死如归,解放后继续为国拼搏的战斗英雄张富清;一生致力于杂交水稻研究应用和推广,从而解决了全国人民吃饭问题,为中国人赢得荣誉与尊严的袁隆平;隐姓埋名几十年,为我国核潜艇事业奉献终身的黄旭华院士;带领团队攻坚克难研究、发现抗疟新药从而挽救全球数百万生命的屠呦呦女士。

他们以无可比拟的拼搏精神、以"我已无我"的高尚境界、以矢志不渝的坚定信念、以攻坚克难的顽强精神,谱写了一首首感天动地的英雄史诗!这才是共和国最闪耀的星!这才是亿万华夏儿女应矢志学习的英雄楷模!让我们怀着最真挚的情感向英雄致敬!向大国脊梁致敬!

在我们的教育战线,也不乏具备这种精神的教育者。他们以爱岗敬业、忠于职守、朴素忘我为本分,坚守为国为党的理想信念,或锐意创新做改革的先锋,或几十年如一日扎根基层,培养了一批又一批优秀学子,为教育事业做出了重大贡献。

我们学校也走过了近七十年的风雨历程,取得了累累硕果,今天仍在不断走向卓越。这些成就是如何取得的?我想,靠的正是精诚团结、锐意进取、坚韧不屈的品格!靠的正是默默无闻、无私忘我和苦心孤诣的工匠精神!靠的正是踏踏实实、勤勤恳恳、永不懈怠、只求付出不思回报的敬业奉献的信念!

正如习总书记在勋章颁授仪式后的致辞所言:"伟大出自平凡,平凡造就伟大。只要有坚定的理想信念、不懈的奋斗精神,脚踏实地把每件平凡的事做好,一切平凡的人都可以获得不平凡的人生,一切平凡的工作都可以创造不平凡的成就。"

平凡中孕育着伟大,伟大源于平凡与不懈奋斗!

老师们,同学们,我们躬逢盛世,自当勤勉努力。愿大家向英雄楷模学习,继承优良传统,弘扬时代精神,老师们认真教学,学生刻苦学习,将平凡的事做好,不断成长自己,成就自己,在祖国建设的澎湃春潮中谱写壮丽的青春!努力着,奉献着,你就是那颗闪亮的星!

发展教师

一、敬业乐群中探寻师道真意

——发挥责任的力量，遇见最好的自己

> 武有武道，兵有兵道，医有医道，商有商道，师有师道。无论哪种行业，每一名从业者的拼搏与探索，都是求道的修行。
>
> 当人的德艺素养修炼到有矩有法、自成一格时，便是领悟了师道真谛的时候。
>
> 师道之路无捷径，但通往师道圣殿有钥匙——敬业与责任。

1.怎样才能做一名好老师

好老师必备的素养有很多，其核心素养应是能够以为人父母之心担为师之责。

古语云：师同于父母。此话讲的是为师者的地位与责任。好老师都拥有喜欢学生、热爱学生的温厚慈善：面对调皮的学生，能够从容地压住火气稳定情绪；站上讲台，善于及时抛开自己的不良情绪，精神饱满，激情不减；看到掉队的学生，总是能给予其更多的重视、鞭策与耐心指导。

当然，老师是人不是神，他们也有七情六欲、喜怒哀乐，有时也会因"恨铁不成钢"而"微词"一二，但一名好老师总是善于不断反思，不断改变，努力避免以一个成年人的粗陋对待一群无邪少年的懵懂，避免把不良的情绪传递给学生，任何时候都不触碰教育的底线。

好老师懂得为师之责。他们不仅有为人父母的仁爱之心，还非常热爱教育，有深厚的教育情怀和高超的教育智慧。他们在不忘初心和随波逐流之间，必会选择不忘初心；在敬业与敷衍之间，必会选择敬业；在进取与懈怠之间，必会选择进取；在热爱和冷漠之间，必会选择热爱。对待学生，好老师既教知识又教方法，既关注学生成绩又不忘维护其身心之健康。

我们潍坊四中的每一名老师都非常优秀，大家敬业乐群，严谨治学，视生若子。在新时代的改革大潮中，大家要紧跟教育改革步伐，抓住机遇，修炼自己，成就自己，努力做到以为人父母之心担为师之责，坚定不移地朝着有理想信念、有道德情操、有扎实学识、有仁爱之心的"四有"好老师的目标成长、发展！

2.将立德树人化为行动

立德树人不是口号，而是必须扎扎实实地贯穿于教育教学各个环节的原则。我们教学生三年，要为学生想三十年，乃至更多年。

巴菲特说："评价一个人时，应重点考察四项特征：善良、正

直、聪明、能干。如果不具备前两项,那后面两项会害了你。"很多人选择合作伙伴,都会忽视"正直、善良"这些关键项,因而造成了无法预料的损失。做事就是做人,做人成功了,做事不成功是暂时的;做人不成功,做事成功也是暂时的。

我们不仅要教学生知识,更要教学生立世、做人。要加强对学生良好习惯的培养和道德品质的教育。人和人的交往,短期交往看外表、脾气,长期甚至一生交往看德行、人品!外表和脾气的好坏,决定开始的相处;德行的高下,决定交往的质量;人品的正邪,决定一辈子的情感。正所谓:路遥知马力,日久见人心!

3.师者的底线与力量

作为一名新时代的人民教师,基本底线是不误人子弟,再进一步的要求就是努力获得学生的认同和喜欢,最高层次就是做"人师",即:以自身独特、高尚的人格魅力去感染、熏陶学生,使其人格塑造更加完善;以自己的德、才、情对学生潜移默化,使其终生受益。

不误人子弟,看似简单的底线,却是成名师、育名生的根基,也是教师自身成长的一种强大的驱动力量。

4.以优秀之师,培育更优秀之人

学生的职业精神,是老师言传身教的结果。希望学生成为什么样的人,首先我们就必须成为什么样的人。

只有我们对工作充满了热情,未来,我们的学生才更有可能具备良好的职业精神。这种影响不是靠我们说教和学习教材就能产生的,因为言传身教的影响是其他方式无法代替的。

时代赋予教师新的责任和使命,为人师者应该认清时代要求,顺应社会发展,自我加压,不断学习,时刻不忘提升自己的基本素养和核心素养:师德与理念素养(包括师德素养、教育理念素养),知识与能力素养(包括知识素养、教育教学能力素养),其它必备素养(包括人文素养、信息技术素养、研究素养、自主发展素养等)。

我们要通过不懈的奋斗,有底气喊出:让最优秀的人培养更优秀的人!

5.心相、心态与教师形象

"师者,所以传道受业解惑也。"教师,不仅要授业解惑,更重要的是传道,即教授学生为人处世的道理,培养学生的人格品质,也就是所说的"立德树人""教书育人"。这就要求我们不仅要在情感、态度、价值观上激励、鼓舞学生,对其进行培养,使其有大的提升,还要用自己的良好品质与精神面貌去感染学生,熏陶学生,以培养学生的独立人格,使他们形成正确的世界观、价值观、人生观。

心相决定气质和行为习惯,行为习惯决定命运。教师的精神面貌就是心相,它取决于生命态度、生活状态、生活品质的选择与追求。教师从教需要有良好的精神面貌,而教师的精神面貌又取决于教师的生活状态和生活质量。在物质相对富足、人人追求精神满足的今天,学生的视野也相对开阔,教师要想取得良好的教育效果,除了要钻研教育规律,不断提升业务技能外,还要把自己的生活过好,过得积极、丰富、从容、优雅,这不仅是我们自己的需要,也是教育对我们提出的更高要求!

6.事业与职业的区别

关于什么样的老师是好老师,众说纷纭。有一些特质是大家都共同认可的,比如拥有教育的大智慧,扎实、深厚的专业功底,高超的教育教学艺术等等。但我认为,好老师与普通老师最大的区别是:你是把教师这份工作当作一项事业,还是单纯当作一种职业。

把工作当事业的老师,理想更远大,信念更坚定。他们对于自己的专业成长有着明确的长远规划和发展目标,而且是矢志不渝,不会自我设限的。

把工作当事业的老师,对学生、对教育、对社会有着更强烈的责任感,更爱岗敬业。他们对学生拥有更多的爱心,也能得到学生更多的爱。

把工作当事业的老师,有着更加强烈的进取心,善于利用现有条件,努力寻求更多的发展空间,没有机会也千方百计创造机会发展自己。

教师工作不是一种简单的职业,也不仅仅是一种谋生的手段,而是要付出更多感情的重要事业。不管从教多少年,处在哪个年龄段,愿更多的老师把工作当事业来做。愿大家对自己有更高的要求,不沉沦,不平庸,耐得住寂寞,在平凡的岗位上,努力打造自己的育人体系,不断创作教书育人新篇章。久久为功,终将成为令人尊崇的"品牌教师"。

7.肯努力才会有机会,有担当才会有收获

一所好学校,必定拥有一个好团队;一个好团队,必定有着鲜明的团队精神。

来到潍坊四中十余年来,我幸福地见证了这个团队的不断

成长与壮大。绝大多数教师无论在什么岗位工作,始终把岗位作为施展才能的舞台,想干事,能干事,会干事。始终和领导、同事们"心往一处想,劲往一处使",齐心协力,同心同德;遇到困难时献计献策,拼力支持;在工作时心态积极,目标明确。其敬业乐群之精神,一直深深感动着我,并激励我加倍努力地工作。

当然,也有个别人的表现不尽如人意,比如自己的工作得过且过,不愿意承担更多的责任;出现问题不是积极解决而是消极抱怨,不愿为团队有更多的付出等。这样就难以抓住机会,也就难以成为工作中的骨干。

其实,无论从事什么行业,担任什么职务,如果工作没有做好,不仅仅是经验问题,也不仅仅是能力问题,更多的是心态问题。心态才是一切结果的主要根源,良好的心态才是打开"怒放"生命的钥匙。

天道酬勤,有努力才会有机会,担责任才会有收获。当你为团队全力以赴时,当你为团队勇挑重担时,机会就会与你同行;反之,如果事不关己高高挂起,我行我素,那么你就会遭到机遇的冷落。

让我们调整心态,努力发扬团队精神,加强同事间的合作,在合作中树立全局意识,在合作中增强凝聚力和向心力,树立"校兴我荣,校荣我荣"的理念,把学校荣誉作为自己的荣誉,在各自的岗位上,勤勉努力,并恒久坚持,让人生更加精彩!

8.更好地与你的世界相处

从一出生来到这个五彩斑斓的世界起,人就不是一个独立的个体。单从"人"字的结构来看,人只有相互支撑才可以立足于这个世界。三人成"众",众人拾柴火焰才会更高。

信心语谭

在单位，我们要与领导和同事"心往一处想，劲往一处使"，充分发挥自己的聪明才智，为学校的发展增砖添瓦；在家中，我们要善待每一个与我们同呼吸、共命运的亲人，正是因为他们的支持和宽容，才让我们没有后顾之忧，去全力拼搏和努力奋斗！

若团队中每个人都能懂得奋斗的意义，人与人互相支持，互相督促，团结互助，那么整个团队、整个家庭乃至整个社会都将迸发出火山般的能量。而就个人来讲，努力的意义不仅仅是为自己，为家人，还是为了遇见未来所有的美好。那时，你放眼望去都是自己喜欢的人和事，心旷神怡，怏然自足……

祝福每一个努力学习、努力工作、努力生活的人，愿你在恒久的努力过后，突然在一个平常如昨的日子里活成了自己想要的模样。

9.让敬业精神成为职业安全的卫士

敬业精神是维护个人、集体和社会共同利益的基本条件，不敬业本身就是一种短视和堕落。我们今天的工作必须今天完成，今天完成的事情必须比昨天的质量更高，明天的目标也必须比今天的更远大。敬业乐群者，人必敬之。

10.老师的言行，关乎他人家庭的命运

教师是以育人为工作目标的特殊职业，它需要培养学生的良好个性、优秀品德和正确行为习惯。教师思想品德的优劣、工作质量的好坏、工作水平的高低，都将直接或间接地关系到家庭的兴衰、国家的前途和民族的命运。

正人先正己，做人是做事的基础。只有具备高尚品德的人，才能从事教育这一崇高而神圣的职业。毁灭一个人只要一句话，

培植一个人却要千言万语。要想成为魅力教师,一定要口下留情,多积德:同事之间,少一些无中生有,少一些妄加推测,更不允许恶意中伤;对待尚在成长过程中的学生,要学会发现学生的特长与其成功之处,并给予充分的肯定。

你给学生一个赞赏,学生可能还你一个惊喜。

11.不会微笑的老师,都不是好老师

好老师都懂得发挥微笑的力量。

一名品学兼优的中学生面对记者关于"假如你是教育部长"的提问,坦率回答:"我要开除那些不会微笑的老师!"

是的,微笑是一种胸怀,更是一种艺术。

当你和学生促膝谈心时,微笑是一种气氛;当你让学生回答问题时,微笑是一种鼓励;当你指出学生错误时,微笑是一种谅解;当你表扬一名学生时,微笑是一种奖励;当你帮助学生解决困难时,微笑是一种力量。

做一名笑容满面的老师,你就是春天的使者。

12.探寻"大道至简"的真谛

优雅、博学、自律、乐观、丰富、卓越,这是一个人取得成功的必备要素,教师更是如此。优雅的教师方能彰显基本素质和教养,博学方能提升教师的学养和修为,自律的教师方能按照既定的计划完成目标,乐观的教师才能在纷杂的尘世中不被世俗羁绊,心灵丰富的教师才能探寻到"大道至简"的真谛,追求卓越的老师才能拥抱更广阔的未来。

人活一世,就是要优雅地保持博学精神,在追求更加自律的生活中,培养更加乐观的精神,滋养更加丰富的心灵,塑造更加

卓越的自己。

老师们,在每一个激情燃烧的日子里,让我们和孩子们一起加油,丰富精神和灵魂特质,提高生命层次,让生命更加丰盈,更具有价值和意义。

13.强身健体,做学生的表率

21世纪最大的"流行病"是缺少运动,而生命恰恰在于运动。为了老师们的身体健康,我们倡议利用课间操时间,所有的教职工走出来,拥抱大自然,呼吸新鲜空气,结合自身状况和喜好,进行随心有效的锻炼,也可同学生一起跑操、跳操等,并且最好保证每天锻炼15分钟以上。

老师们并非红颜易老,而是流汗太少!这是有着五十多岁年龄三十岁颜值的运动达人刘叶琳说的。她用持之以恒的运动创造了无限可能。她的经历告诉每一个人,运动是男人的加油站、女人的美容院!

我亲爱的同事们,要学习强国,要工作强国,还要锻炼强国!让我们约起来,每日的课间操不见不散!

14.教师迎新"基本功"

新学期开始,老师们又到了满载家长的期盼和学生成长的使命奋力起航的时节。良好的开端是成功的一半,希望我们的老师在开启忙碌的教育征程时,注意以下几点:

一是备课。备课是教师永恒的主旋律,面对不一样的学生,备课内容不能老套,应该年年教,年年新。在高考的改革浪潮中摸爬滚打的我们,需要不断详细地研究考纲,提高学科素养。如果对考纲不熟悉,不懂得课堂要教什么,就可能与时代脱节,被时代抛弃。

二是上课。我们的学生激情满怀、天真纯洁、富有个性,最爱上课有激情、有风格的老师。不管年龄多大,我们的老师都可以有一颗年轻、热情、独特的灵魂。

三是修炼"六心"。教育要有六颗心:爱心、用心、细心、耐心、恒心和信心。若常修炼"六心",那么即使你不是水平出类拔萃的老师,也一定是学生欢迎、同事认可、领导肯定的优秀教师。

四是情怀。教书是我们最初和最后不变的梦想!育人是最令我们感到骄傲的信仰!有情怀的老师,才会爱教育,爱学生;才会研究教学,研究学生;才会懂教育,懂学生。

愿敬业爱岗、吃苦耐劳、踏实肯干、敏锐聪慧的老师们不负众望,乘着信心之帆,以最饱满的热情、最昂扬的斗志、最恒久的坚持,昂首阔步,继往开来,书写最动人的教育诗篇,创造潍坊四中更加辉煌的历史!

15.忽略,是对学生杀伤力最大的武器

被老师重视的孩子,成绩更优秀,自信心更强,无论在智力还是性格的发展上都会更优秀。

若孩子一旦被老师忽略,不仅会成绩下降,而且还容易出现自卑情绪,在人际交往上也容易有障碍,有些敏感的孩子甚至会自暴自弃。

请老师们牢记在我们潍坊四中的校园里悬挂的那两句话:每一个孩子都很重要,要追求教与学的卓越!

16.责任和担当

责任是一种使命,而勇于担当是一种优秀品质,是对自己所负使命的忠诚和信守。我们每一个人都应该有责任和担当：努力工作，勇挑重担，是对单位、对国家的责任；积极进取，努力工作，呵护家人，是男人对家庭的责任；温良贤淑，敬老护幼，相夫教子，是女人对家庭的责任；尊敬长辈，独立克制，积极向上，是子女对家庭的责任……

作为老师，我们也有责任教育我们的学生要有使命感、责任心，尊敬师长，团结同事，遵守纪律，刻苦学习，热爱集体，爱护公物……如果人人都能主动负责，生活会更幸福，民族会更团结，国家也会更强盛！

17.奠基未来发展的六个沟通技巧

孩子拥有以下良好的沟通技巧，对未来发展很重要：

（1）懂得社交礼仪，就更容易拥有好人缘；

（2）懂得说话的艺术，就更能引起别人的好感和关注；

（3）懂得倾听，就能更具有人格魅力；

（4）懂得尊重他人，就能得到更多的尊重与信赖；

（5）懂得主动承认错误，则错误已经改了一半；

（6）懂得时常与人合作，就获得了比知识更重要的能力。

在教育过程中，老师和家长要时刻注意培养孩子的以上素养，让他们学会沟通，善于合作，从而赢得更多的成功机会，享受到生命的丰盈与精彩。

18.追梦路上，不要质疑自己的付出

"天才出于勤奋，聪明在于积累。"老师要向孩子们深入、通俗地解读这句话，不仅要让孩子们坚信自己的付出必有回报，还要让其明白：所有的努力都将是一种累积、一种沉淀，都是为美

好的未来默默铺路,让自己成为更优秀的人。

也请老师告诉同学们:现实的生活里,没有"容易"二字,没有谁能随随便便成功。无论是我们现在的学习还是未来的工作,都是这个道理,正可谓"不经一番寒彻骨,怎得梅花扑鼻香!"

19.让快乐之光照亮教学生涯

做老师,心情常常是压抑的,这种心理状态既伤害自身健康,又影响学生成长。所以,我们要找到让自己快乐的源泉,努力营造快乐的环境,让学生快乐,更重要的是,让自己每天都快乐。

我们要做快乐的、热爱生活的教师,让思想轻盈地飞翔,让心中洒满灿烂的阳光。只有心中充满阳光,才能把温暖带给别人。

20.做大格局的老师

处在什么样的位置,就应该说什么样的话。做什么样的事,就应该用什么样的观念去看待和分析身边的人和事,这就是格局。

那么,大格局的老师具备什么特征?

大格局的老师眼界宽广。他们善于用长远的眼光、发展的眼光、辩证的眼光去看问题,给自己布局,让自己站得更高,看得更远,做得更好。

大格局的老师身边定会聚集着"三观"相合的大格局之人。物以类聚,人以群分。"三观"相合是人立足世界、融入社会的基础,是良好人际关系的保障。

大格局的老师拥有强大的人格魅力。人格魅力是教师最有价值的资源。大格局的老师乐于帮助别人,乐于为别人喝彩,乐于与他人合作，乐于与他人分享，他们永远有着积极阳光的心态，因而心地善良，平易近人，和蔼可亲。

大格局的老师善于换位思考，顾全大局。他们善解人意，豁达处世；他们不囿于成见，不唯利是图；能通盘考虑，有大局意识；不自私，不狭隘，不嫉妒，不抱怨。

大格局的老师，能够耐得住寂寞，潜心打造自己。他们善于根据自己的特长找准方向，努力打造自己的教育品牌，最终闯出一片广阔天地，收获人生的充实与快乐。

"一个境界低的人，讲不出高远的话；一个没有使命感的人，讲不出有责任感的话；一个格局小的人，讲不出大气的话。"愿老师们争做大格局的人，以开阔的视野、宽广的胸怀、卓越的自信，顾全大局，取舍有度，从容淡定，时刻把自己作为学校教育工作不可或缺的一员，努力绽放生命之花，享受教育的幸福与精彩。

最后，与大家共勉：眼睛看得到的地方叫视线，眼睛看不到的地方叫视野。

二、合作探究中打造高效课堂

——每一位教师都能找到适合自己的"真法"

> 教学有法，但无定法，适合教师自己且能提升课堂效益的方法就是最好的。不管教改之路多么复杂曲折，不管来自各方面的功利性诱惑多么令人动心，"相信学生，尊重学生，成就学生"的本心不能变。如此，再加上不断探索，每一位教师都能求得属于自己的"真法"，成为难以替代的行业精英。

1.形式主义，自主学习的天敌

课堂上，丰富多样的教学手段可以增加课堂的趣味性，激发学生学习的兴趣。但教师在课堂教学中，应该以培养学生独立思考、自主学习的能力为目的，尽量简化一些形式主义的手段，给

学生留下更多思考的时间和思维的空间，从而真正做到把课堂还给学生。

叶圣陶先生曾说："上课，在学生是报告和讨论，不是一味的听讲；在老师是指导和纠正，不是一味的讲解。"因此，要让学生真正地成为学习的主人，教师在课堂教学中就应该给学生提供充分的活动空间，多为学生提供参与的机会，尽量把时间还给学生，让学生成为课堂的主人，使他们的想象飞起来，思维动起来，语言活起来。

另外，需要注意的是，教师在评价学生的答问时要以正面的引导和激励为主，不能简单地以对或错来判断，应重视展示学生的思维过程，只要有益于发展创新能力，就应该受到赏识和表扬。

2.教学有法，教无定法

课堂上当讲则讲为精讲，当练则练为精练。教师的教，是为了学生的学，是为了不教。老师是导演，学生是演员，是舞台的主角，教学必须以学生为中心，坚持立德树人。学生是课堂的主人，哪怕教师讲得再好，课堂再丰富，学生没学会，没学活，那也等于零。

一所真正优秀的学校，并不是把某一种课堂教学模式做到极致，而是学校的每一位教师都寻找到了适合自己的、并适用于学生的教学方法。但是，在多种多样的课堂教学模式的背后，对课堂教学规律的遵循和对课堂教学发展趋势的把握，都是不可缺少的。

3.信心教育高效课堂七原则

多面向全体学生，大力激发学生学习内动力；

多注重思维品质的培养,实现立德树人与教书育人的有机统一;

多根据教学实际,优化教学方法,充分体现学科特点,做到因材施教;

多应用现代教育技术,适时、适度体现学科整合理念;

多注意挖掘隐含在课程中和课程实施过程中的智力和非智力资源;

多创设教学情境,激发学生积极探索和大胆实践的勇气与热情;

多通过点拨和师生的互动来锻炼学生的思维,提升学生的能力。

4.信心教育下高效课堂的效果

以信心教育为特色的高效课堂达到的效果应该是这样的:它是和谐的课堂,能够彰显民主的师生关系;它是务实的课堂,能够彰显扎实的基础功底;它是富有活力的课堂,能够实现各种思维的碰撞;它是创新的课堂,能够推演对教育智慧的各种挑战;它是发展的课堂,能够体验成功的快乐。

高效课堂"三宝"

(1)充满激情与活力。教师在课堂上只有保持生动活泼,有趣味,有激情,有活力,才能吸引学生的注意力,从而提高课堂的效率。

(2)遵循学科规律,探究高效教学方法。按照学生"学"的规律进行教学,即:学生应该"怎样学",我们就应该"怎样教",而不是只按照自己设定的"教"的思路进行教学,尤其要注意以学生思

维为出发点、落脚点,注意培养学生的问题意识,鼓励学生大胆创新。

(3)合作探究,"练"出学生的真水平。注重引领学生充分地活动,既可以是个体活动、组内活动,也可以是全班学生的互动,以此调动学生积极性。

6.高效课堂的关键是课前备课,尤其是集体备课

驾驭课堂的高手善于把精力放在课前或者课后,就像做菜一样,如果不能提前买好菜,备好原料,怎么能做出美味佳肴?不过是拿着铲子在空锅里瞎炒。

不少的集体备课常常流于形式:有的除了主讲教师的独角戏,其他老师很难提出有价值的教学建议;有的偏向知识点,而教学资料的整合、教学方法的改进、学生能力的提高及对学生学法指导等方面的内容偏少;有的教学设想缺乏可操作性等等。这些都需要完善、改进。

7.高素养教师特有的课堂智慧

高素养的教师能够通过自身的特点和人格魅力吸引学生,激发学生的学习热情,他的每一个表情、每一个眼神、每一个动作、每一句话都是素质教育的实践。

他懂得"状态就是质量"的道理。他会改善学生在课堂上的学习状态,提高其学习质量,让学生享受美好的课堂生活;他会改善自己在课堂上的活动状态,提升自身教学的幸福指数;他会选择适合的教学手段和方式,合理选择教学内容并进行有价值地改造。

高素养的老师能够及时地捕捉学生眼中的疑惑,随时帮助学生解决问题；高素养的老师能够快速感受到学生心中跃跃欲试的表现欲望并及时提供展示才华的舞台。

高素养的教师总是以学生为主体，善于倾听学生的声音。在他的课堂上有更多学生发问的声音，学生讨论、研究的声音和学生思想的声音。他很懂得为学生提供更多阅读的时间、讨论的时间、思考的时间以及练习的时间。

8.高素养教师的必备才智

高素养教师的必备才智：熟练驾驭课堂，解放学生的头脑，让他们大胆地想；解放学生的嘴，让他们自信地说；解放学生的双手，让他们辛勤、大胆地做；给他们一片自由的天空，让他们拥有自主、合作、探究的空间和时间。

9.让课堂充满德育的力量

教师在课堂上要尽情发挥榜样示范作用，把传授知识、启迪智慧、完善人格三者有机地结合起来；善于尊重学生，倾注真诚，满足需求，给学生智慧和力量，促进学生全面和谐发展；善于从学科特点出发，重视科学与人文素质、道德与精神水平的培养。

千方百计渗透，于无声处影响。寓信心教育于课堂，能够帮助教师确认每一个学生都是有价值的，肯定每一个学生都是独特的，对待每一个学生都是赏识和信赖的。

10.让课堂充满激励的能量

教师上课时通过发现学生的闪光点及学习中的成功和进步，及时表扬、鼓励学生，以强化学生对本学科学习的自觉性和自信心，激发其学习热情，提高其学习兴趣。

要激发学生的学习兴趣,使学生体验到学习的快乐,从而自觉自愿地想学习,要学习。要给学生以信心和希望,禁止使用"差生""差班""你真笨""你肯定不会""哪有像你这个样子的?""这么简单的题都不会?""你真给我(我们班)丢人""没出息""你是真没希望了"等用语,避免伤害学生的自尊心和自信心。

11.做善于"hold"住课堂的优秀教师

优秀教师无一不是充分相信学生,解放学生,利用学生,发展学生;他们的讲授深入浅出,善于将学生吸引到所讲授的内容和氛围中来;他们善于眉目传神,让学生从他们的眼中读到赞赏、鼓励与期待;他们善于为课堂植入一些学生喜闻乐见的活动形式和素材,让学生有机会"给点阳光就灿烂"。

12.优秀教师课堂的"催生效应"

优秀教师善于创造独立学习的机会,催生"一个和尚挑水吃"的效应;善于激发学生挑战的欲望,催生"跳一跳才能摘到桃子"的效应;善于创造让学生感受自信的机会,催生"天生我材必有用"的效应。

13.优秀教师的课堂化育能力

优秀教师善于激励催化,春风化雨,点石成金,使学生在每一节课上都能享受到热烈的、多彩多姿的精神生活。

在优秀教师精彩的课堂上,学生能够理解感悟,生发创造,扩展发挥,师生的生命活力能够在课堂上涌动起来。师生相辅相成,教学相长,开发潜能,共创奇迹。

愿我们潍坊四中每一位教师的课堂,都能成为面向每一颗心灵敞开的温暖怀抱,成为点燃每一位学生智慧的火把,时时散发着民主、创新、和谐的光彩。

14.坚持每课一赞

记得当年上课时,我养成了一个习惯,在每天备课快结束时,还要"备一事",就是:"上课表扬哪些有亮点的学生?"

可以表扬最近进步的学生、给出新颖解题方法的学生、自觉预习的学生,还可以表扬研究性学习做得扎实的学生、学习刻苦的学生、在某一方面表现突出的学生,等等。

作为教师,不要吝啬我们的赞美与鼓励。我们不经意的一句鼓励,也许就是某个学生发奋图强的起点和原动力。

15.课堂的"空子"与思维的"牵引"

课堂是老师的,更是学生的。如果课堂上只允许老师讲,不给予学生充分思考、运用知识的时间,学生的学就会深陷被动,学生的思维就会被牵制;如果只允许学生学,没有老师有效的引导,就容易使部分不专注的学生钻课堂的"空子"。如此,学生的学习效率必受影响。

我认为,要想学生不过多地被牵制,又避免他们钻"空子",就要尽量地让他们有问题思,有事情做。这就好比避免一片土地荒芜的有效方法是种上庄稼,要想避免学生做小动作,就得让他们"动"起来。他们只有"动"起来,才能跟上老师的进度,有效率地去思考,去计算,去总结,去巩固,完美地"演"出老师预设的"剧情"。若学生在学习中常常体验到成功的喜悦,久而久之,他们的学习兴趣就会慢慢提高,学习的动力也会更足。

信心语谭

16 布春意于课堂，携南风而行教

跟大家分享一则寓言。

北风和南风比威力，看谁能把行人身上的大衣脱掉。北风大发威力，寒气逼人，结果行人把大衣裹得更紧；南风徐徐吹拂，春意融融，最后行人脱下大衣。

有魅力的教师课堂教学很讲究方法，他们善于采用和风细雨的"南风"式教育方法，轻而易举地让学生"脱掉大衣"，敞开心扉，这样会收到更好的教育效果。

17.以课为媒，实现思维递升

我认为好的课，应注重从形式思维向实质思维的转变。思维是产生于实际问题的解决之中的，要经历思维递进：首先，要提供真实的经验情境，引导学生在真实情境中提出问题；其次，通过思维活动搜集材料，提出解决问题的各种设想；然后，推断和验证哪个设想最能有效解决问题，用行动检验假设。

好的老师往往不急于把知识塞给学生，而是联系学生的生活场景和生活经验，引发学生的兴趣，让他们带着疑问来学习和探究。值得我们重视的是，提出解决问题的假设就是运用已有知识进行创造性思维活动的过程，也是一个不断接触、解决错误的学习过程。

让我们立足课堂，把握课标，驾驭教材，研究学情，把学习的权利还给学生！研究有深度的课堂，探寻有价值的学习，如同点燃冬日的火把，温暖自己，照亮学生，让课变得更精彩。

18.从班级环境推演教育质量

教育者时刻关注着每一名学生成长过程中的起起伏伏，把学生的进步看得无比的重要。一名负责任的老师，通过抓学生成绩来促其成长，这种方法毋庸置疑，但是如果单纯抓学习，那么很难抓出成效。

比如，如果学生在一个杂乱无章的教室上课，那么不仅他们的情绪会受影响，身体健康也会受损害；如果不能严格遵守宿舍的纪律，就不能保障足够的睡眠，降低学习效率；一味把学生送回家反省，必定会打击他们的自尊……

教育无小事，有些问题看似与质量无关，但最终都指向质量！请大家为学生的长远发展考虑，精心为其营造良好的学习、生活环境，从培养其良好的习惯做起，真正培养出高素质的人才。

19.课堂教学应是"教育"而非"教愚"

对学生进行思维能力的培养是教师教学的基础。学会思考也是学生重要的学习过程。那么，课堂上如何培养学生良好的思维习惯呢？我认为，教师需要做到以下几点：

一要让学生成为课堂的主人，要变"讲堂"为"学堂"；

二要聚焦真实情境，设置一定难度、深层次的问题，从而启发学生的思维；

三要面向全体学生，要尽可能地让更多的学生经历完整的思考过程，因为个别优秀学生的思考不能代替所有学生的思考；

四要善于点燃学生的问题意识，激发他们的好奇心，努力使其由"怕思考"变为"乐思考"。

课堂上教师要鼓励、引导学生质疑、辩论各种有价值的问题，积极培养学生的独立思考能力。如果课堂上只给学生标准答案，不鼓励甚至不允许他们质疑、辩论，这样必将会降低他们的

思维层次，久而久之，学生将会习惯于被他人的思维牵制，没有自己的主见，这不是"教育"而是"教愚"。

20.鼓励学生适度自由表达是优质课堂的重要指标之一

鼓励学生适度自由表达是优质课堂的重要指标之一。课堂上针对疑问的自由表达可以让学生变得更自信，更有勇气，更有利于独立见解的培养；自由表达可以实现信息的多向传递，增加课堂信息的来源和容量，实现师生、生生多方的良性互动；自由表达还能有效避免教师的"话语霸权"，让学生真正参与到学习活动中，真正成为学习的主人。

此外，鼓励学生自由表达，教师要遵循四个原则：

一是善于抓住契机，设置有效问题，并积极引导，将学生思考引向深入；

二要面向全体学生，不要将注意力集中在成绩优秀的少数学生身上而忽视大部分学生；

三要通过自由表达挖掘学生的潜能，激发学生的表现欲和成功欲；

四是引导学生在表达时学习交流艺术，学会尊重他人，培养其求同存异、与人和睦相处的良好品质。

愿我们的老师在课堂上给学生更多的主动权，时刻牢记要"教育"决不"教愚"，培养学生创造力，增强其自信力，发展其个性，以奠基幸福人生，培养时代新人！

21.在完整的课堂结构中打造优质高效课堂

课堂是师生一个共同的生命场，学习是师生生命的成长方式。我认为，教师最基本的师德是把课上好，要追求课堂的最大效益,向四十五分钟要质量。

　　课前,教师必须认真备课,尤其要搞好集体备课。讨论不同的教学内容、不同的教学对象如何采取不同的教育教学方法,研究如何用生动的语言、丰富的感情去感染学生,以求收到良好的教学效果。

　　课中,教师必须把引导学生自主探究、引发学生动脑思考作为教学的出发点。要始终落实"以学生为中心"的理念,本着"以学定教、先学后教、能学不教"的原则,不搞"满堂灌",不打"题海战"。尽可能把课堂上的时间、空间和主动权交还给学生,让学生在课堂上认真思考,充分体验,满满收获,在学习过程中得到历练,获得成长。总之,一句话,就是让学生真正成为学习的主人。

　　课后,教师必须做好反思。"学然后知不足,教然后知困。"教学反思是教师专业发展和自我成长的核心因素之一。美国学者波斯纳认为,没有反思的经验是狭隘的经验,至多只能形成肤浅的知识。可见教学反思的重要性。教师通过课后反思总结成功之处并反思不足之处,为今后的课堂教学不断积累经验,以便促进个人专业成长,更大程度上提升教学质量。

　　如果做好以上三个方面,我相信,我们的课堂一定能真正成为"立德树人"的主阵地,这将是崇高师德最具体、最生动的体现。

　　愿我们努力打造优质、高效课堂,使知识入心,入脑,入骨,学生能"带得走",将来能"用得上"。

22.做个会讲故事的老师

　　对教师来讲,爱讲故事,会讲故事,真的很重要。会讲故事,不仅使教师显得幽默风趣,更增添了教师的人格魅力。作为老

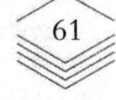

师,心里一定要多装几个故事,做一个会讲故事的人,让学生接受文化知识的同时感悟人生道理。

某国内知名教育机构招聘员工首先看应聘者是否会讲故事。许多时候,用讲故事的方式的确更有利于工作的开展。

学习原本是快乐的,可是当我们教育者忽视了学习过程而过度追求学习结果的时候,它就异化成了绝大多数学生的"痛苦之源"。在此情况下,他们会感觉学习生活枯燥乏味,单调沉闷,因而失去了校园生活的乐趣甚至失去学习的动力,这无疑是许多学生问题甚至是"问题学生"产生的根源。

那些渗透着哲理、承载着文化、启迪着思维的故事,犹如一把把万能的金钥匙,能打开学生的心灵之门,引领着学生健康地成长。在教育过程中我们有时可以通过给学生讲一些故事,给学生"被单调化"的学习生活增趣添味,让"被枯燥化"的教育内容和过程,重新变得幽默风趣,引人入胜。

走近故事,你不仅会受到富含哲理或感动人心故事的熏陶与润泽,更是在与另一种美好的教育方式相拥。

一名优秀的教师,一定要善于给学生程式化的学习过程增趣添彩,使之内容丰富而令人印象深刻,尽力去满足学生对美好教育生活的向往。

23.话说"教"和"育"

教育,是教和育两种力量的合力。

教,主要是教给学生基本的科学知识和技能,提高学生的智,这是每位教师都肩负的职责;育,就是传授一些做人的基本道理,让学生树立高尚的道德情操。教与育的好坏关系到一个人是否能成为有用之才。

发展教师

所谓教书育人、立德树人,其内涵丰富,外延宽广。比如培养学生的领导能力、社交能力、表达能力、运动能力、拼搏精神、团队精神、全球视野、社会责任感与卫生意识等。课外很多活动,锻炼了学生多种能力,培养了他们多种优秀品质,最终都直接或间接提升了教育质量,意义非凡。

现在的教育应该真正树立育人的观点,切实把立德树人作为根本任务。

三、因材施教中享受教育之乐

——以持久的热情召唤沉睡的潜能

> 在优秀的教师眼里，每一个学生都有着巨大的潜能，都可能成为将来的栋梁。这些老师的高明之处在于，他们掌握了因材施教的本领，能因势利导，将双商不同、资质各异的学生之潜能挖掘出来。
>
> 这样的教育过程，本身就是一个充满挑战的过程、幸福的过程！

1.恶补多少节课，不如一颗真诚的爱心

很多学生的学习之所以心不在焉，对老师家长的教育表现出叛逆，其实是童年甚至整个青少年时期缺爱的结果。在父母那里享受不到以理解为基础的持久爱意，心理需要得不到回应或者得不到满足,到了学校,又可能得不到老师的重视,于是,学困生就这样"炼"成了。

对于这些学困生,如果强制他们努力学习,遵守纪律,不如给他们真诚的理解与关爱。若教师持续坚持下去,自然可以打开他们的心扉,激发其智慧潜能。

要做一名真正优秀的老师,要提高教育教学质量,就要想方设法调动学生的积极性,激发学生成长的内动力,使之对未来充满无限的热情和希望,并努力让学生喜欢自己。而要做到这些,必须以发自内心地热爱学生、关注学生为前提。

2.孩子的舞台,是我们给的

"心有多大,舞台就有多大。"但在学生时期,舞台空间大小,是可以由老师、家长决定的。我们平时的教育教学活动,要给孩子提供多样化的平台,让他们在各种活动中充分展示自己。比如学校和各班的元旦晚会,要提前策划好,让孩子们利用好这个舞台。

其实每个孩子心中都有一些想要表现的东西,有些孩子喜欢讲故事,有些孩子喜欢唱歌跳舞,不少孩子有过人的才能,只是平时没有表现的机会而已。

所以,我们不妨多给孩子提供一些这样的机会,哪怕只是在一个班、一个小组,甚至是一家人坐在一起时,让孩子展示一下,都是种很好的锻炼。

让孩子们心怀梦想,自信地前行,这也正是教育的目的所在。

3.让我们告诉世界:我能行!

通过各种积极的暗示,激发学生学习内动力,努力走进学生心灵,让学生主动追梦,是我们教师进入教育佳境的有效途径。

信心语谭

曾经有人做过一个实验。A、B两组开展保龄球对抗赛,两组实力差不多。在正式比赛之前,让A组每个人欣赏自己全中被人欢呼祝贺的镜头,让B组每个人观看自己打不中被人"嘘"的镜头。后来进入赛场时,A组全体成员昂首阔步,两眼闪光,而B组的成员垂头丧气,脚步迟疑。结果两组上场比赛,比了三场都是A组比B组成绩好。

A组之所以表现好,是成功图景激励的结果,也是暗示力量的作用。我们在教育学生的过程中,要通过各种手段多进行积极地暗示,帮助学生构建和保持个人信念体系。譬如经常让学生回忆以前或想象将来他们出色的表现;帮助他们找一个学习的榜样,像榜样那样学习和生活;帮助学生立规矩,从小事开始磨炼意志等等。

学生拥有了追求梦想的强烈欲望,有了强大的学习内动力,我们的教学才能收到事半功倍的效果。

4.不妨用故事帮学生存储终生发展的能量

善于讲故事的老师特别受欢迎。老师讲的故事,学生可能会终生不忘,忘不了故事,就忘不了讲故事的老师。讲故事特别能让学生亲近老师,当看到学生学习不刻苦或缺乏自制力时,老师不要立即向他提要求,更不要批评他,否则他会难堪。老师可以抓住这个机会通过讲故事的方式和他们进行交流,给他们以欣赏、激励、信心,进而晓之以理,动之以情,导之以行,这样会取得意想不到的教育效果。

5.用自己的脑袋思考,才能得出属于自己的结论

用自己的脑袋思考,才能得出属于自己的结论,这是常识。

但现实生活中,多少人是在用自己的脚走别人的路,用自己的脑袋思考出别人的结论?今天和大家分享一个小故事。

父子俩牵着驴进城,半路上有人笑他们:真笨,有驴子不骑!父亲便叫儿子骑上驴。走了不久,又有人说:真是不孝的儿子,竟然让自己的父亲走着!父亲赶快叫儿子下来,自己骑到驴背上,又有人说:真是狠心的父亲,不怕把孩子累死!父亲连忙叫儿子也骑上驴背。谁知又有人说:两个人骑在驴背上,不怕把那瘦驴压死?父子俩赶快溜下驴背,把驴子四只脚绑起来,用棍子扛着。经过一座桥时,驴子因为不舒服,挣扎了几下,结果掉到河里淹死了!

小故事,大道理!教师教育学生,要让每一个学生都有自己的主见,具备判断是非的能力,这样,学生才不会被不妥当、不合理乃至错误的想法左右。我们不要活在别人的评判中,而是要靠自己的脚走路,自己的脑袋思考。

6.立大德树"大人"

司马光在《资治通鉴》里分析智伯无德而亡时写道:"才德全尽谓之圣人,才德兼亡谓之愚人,德胜才谓之君子,才胜德谓之小人。"这是古训,通俗一点讲就是:有德有才是精品,有德无才是次品,有才无德是危险品,无德无才是废品。

有大德才有大智慧。大德是什么?是家国情怀、社会情怀、人类情怀。没有这种大德,就不会有大智慧。一个人的情怀和境界,不仅决定着他当下的学习状态,而且决定着他人生和事业的高度。

因此,我们必须唤醒学生内在的人生追求。所谓"要给学生一定的压力",在我看来,就是要唤醒学生内在的追求。

7. 别禁锢了孩子创造的能力

今天和大家分享一个小故事。

一天,儿子从幼儿园回来,告诉父亲,他有一个重大的发现。父亲漫不经心地问:"什么发现?"

儿子说:"苹果里藏着一颗小星星。"父亲很惊讶:"怎么会呢?"儿子拿出一个苹果,用水果刀费力地切开了苹果,但是孩子不是从茎部到底部竖着切的,而是拦腰横着切开的。

儿子把切开的苹果放到父亲面前:"爸爸,看,多漂亮的星星。"父亲真的惊呆了:我们吃过了多少个苹果,每一次都是"祖传"的规规矩矩的切法,从来也没有想到另一种切法,当然也就没有见到苹果中美丽的星星。

小故事,大道理!任何事情如果总是按照旧有的方法去做,那你不会有意外惊喜和收获,因为你的答案是别人早已经发现的。

在教育的问题上,我们也时常走进这一误区:对待教学,固守老教师传下来的老经验,不去放手创新,不去探究新的教学方法和策略;对待学生,将循规蹈矩的老实孩子捧为"掌上明珠",而对于那些经常提出"怪问题"和有"出格"行为的学生有时却冷嘲热讽,视之为"异类"。久而久之,教师的创造能力被磨蚀了,学生的创新思维被禁锢了。

所以,只有更新思维方式,才能真正看到苹果里美丽的星星。

8. 讲规矩,让自己的行为和世界的法则同步

没有规矩,不成方圆。学校制定并落实必要的惩戒制度,不

仅能让学生从小树立规矩意识、敬畏意识,而且能让学生从小敢于接受惩戒,并从中磨练自我,规范自我,最终成就自我。

同时,惩戒制度也是学校有效管理手段不可或缺的组成部分。教师在运用惩戒手段时,要遵循三大原则,以避免从一个极端走向另一个极端。

一是以尊重学生、热爱学生为原则。尊重学生人格、热爱学生是教师行使惩戒权的底线。教育的成功不是像警察一样抓出小偷,而是要用情感改变一个孩子的心灵。只有尊重学生,从爱出发,实施惩戒制度才能有效保护学生的心理健康,让学生向着更好的方向发展。

二是以惩戒的合理、适度为原则。优秀的教育是讲究分寸的,什么程度的错误应该受到什么程度的惩戒,要有一个明确的界定,从而避免教育惩戒权的滥用,以达到纠正其不良行为、维护学生心灵健康的目的。

三是以人性化管理为原则。教师在管理学生时根据具体情况因材施"惩"。不同性格、不同身体状况、不同性别、不同家庭的学生心理承受能力是不同的,可采取不同的惩戒方式,对症下药,以收到最佳教育效果。

信心教育并非不要批评,并非放弃惩戒,合理的惩戒也是我们保持和提升学生前进内动力、保证其沿着正确轨道前进的重要手段。

没有惩戒的教育,是不完美的教育。只有着眼于学生健康成长的严格要求,才是真正爱学生,才是真正地对学生负责。也希望家长们不要一提惩戒就心生反感,只有学校和家长形成合力,我们的孩子才能更加健康地成长,才会更好地发展!

9.考试作用新解

考试,考是一种形式,重点在一个"试"字。既然是"试",那就是给出一个试错与改错的机会,是人生之路上自我调整的一种方式。

考试结束后,我们要让学生懂得:考试暴露出问题,不是坏事。如果把发现的问题改过来,并举一反三,进一步巩固好,那将会是一个很大的进步。所以,我们应该兴奋在对问题的发现中,陶醉在对问题的解决中。

10.减负不减效的几个表征

教育者要想提高教育质量,进而达到减负不减效的目的,在教育过程中适时调动学生的积极性,使其达到最佳学习状态是非常重要的。

那么,在什么时候学生学习的效果最好,教学收益最大?

在目标明确、由"要我学"变成"我要学"时;

在师生平等、民主、和谐的氛围中时;

在老师的人格魅力不断感染着学生时;

在学生被老师关注逐渐树立自信时;

在课堂上能够积极参与、深入探索、自由展示、大胆创新时;

在课堂形式多样并且各形式卓有成效时;

在充分参与到情景教学中深受启发时;

在经历与体验中感受到学习的魅力时;

在对知识产生兴趣并不断体验收获的喜悦时;

在体会到学习的成就感并不断深邃思维、磨练意志时;

在意识到学习与自己有关,发现知识对自己未来发展真正有用时;

在能够以所学知识解决实际问题时；

在学生身心处于最佳状态时；

……

教书育人是门大学问，教学有法，教无定法，让我们加强立德树人方法的研究，把握教学规律，努力提高教育质量。

11.学会为学生"把脉"

所谓对症下药，讲的是医生治病要看对症，找不到病因，再好的方子也不起作用，甚至起反作用，解决部分学生长期不愿学、学不好的问题，也是这个道理。

一个智力正常的学生，如果全力以赴地学习，一般能取得好成绩。之所以成绩不理想，可能是因为他在学习态度、学习习惯、学习方法或学习时间安排等方面存在不足，督促、帮助其找出原因并有效地解决，从而提高其学习成绩，这很重要，是为师者育人育才的职责。

12.不妨多想想你和学生十年后的遇见

谁都想当一名好老师，桃李满天下。老师对学生诚挚地关爱、谆谆地教导，会使学生多年后仍然心存感激。因此，当你在教育学生时，不妨多想想十年、几十年后你和他们的相遇。

好的教育，必然是刚柔相济、宽严分明的；好的老师，必然是严中有爱、爱而有度的。每年的教师节，我都会收到一条条学生的祝福短信，今年的教师节也是如此。

有个学生谈到："上学的时候老师对我很好，我不会忘的。感谢老师以前费那么大力把我从歧途上拽回来。"的确如此，作为老师的我，当时真的没有少批评过他，但是严厉的批评中饱含深爱,让他在改过自新时还带着满满的感动。

作为教育工作者,我们不仅仅要教给学生获取本领的知识,还要教给他们做人的道理;我们不仅仅要使用赞美激励的法器,还要拿起训诫批评的戒尺。在他们努力拼搏时,时时鼓励是他们前进路上的助推器;在他们懒散懈怠时,严厉批评和细心呵护是他们爬出"沼泽地"的"牵引机"。如此,学生们才可能成为对社会有用的德才兼备之人。

13. 教育的"光学"技巧

信心教育中的教师不是知识的垄断者,不是传道授业解惑的唯一执行者,而是学生成长道路上的引导者、激励者。

对待学生,要用"放大镜"发掘学生的闪光点,用"反光镜"祛除学生的缺点,用"显微镜"彰显学生的个性。

用好"三镜",可以使我们的教育举重若轻,事半功倍。

教师的评价也要立足于以赏识激励为主,从而提高学生自信心,唤醒学生主动发展的强烈欲望。

14. 一视同仁是学生成长与发展的最强磁场

教师要公平正直、执纪严明,对学生的同一错误行为,要采用同一处罚标准。特别是对于那些和我们熟络、走得较近的所谓优等生和有些"背景"的学生,更要坚持原则,一视同仁。

在管理学生时,不能朝令夕改,今天严,明天宽,或对这些同学严而对那些同学宽,否则,会使教师管理学生的公信力荡然无存。

在评优树先、选拔班干部等与学生利益和心志直接相关的事情上,教师务必要摒除只以学习成绩为标准或只关注优等生等惯性思维，因为这容易产生鼓励少数而打击大多数的不良效应。一次不公正的评选，会挫伤绝大多数学生的自尊心，给未来的班级管理带来很大的难度。我们要树立"每一个学生都很重要"的全面育人观，尽可能为每个学生创造平等的机会与平台，让他们都得到成功的体验，这样，班级的凝聚力、向心力和提升力就会被一一激活，"比学赶帮"的正向磁场就会逐渐内生。如此，班里的每个学生都能得到全面发展，立德树人的教育目标也会全面实现。

15.不失礼，是一种高贵的教养

见面问好，体现出一个人良好的文明教养。培养学生懂礼仪，讲文明，也是我们教师的重要职责。

在校园里，很多学生遇见教师会微笑问好，表达他们内心的尊重和崇敬。这时，教师一定要还礼。这是对学生讲礼貌的肯定与赞赏，是在爱护他们的真诚与热情，以此可鼓励学生将懂礼貌的习惯继续保持下去。若教师不在乎，认为学生理应如此而对向自己礼貌有加的学生视若无睹，会让学生感觉老师对他不屑一顾，让学生失去存在感、被接纳感，很不利于学生文明习惯的养成。

师生关系应该是平等的、民主的。人与人之间的感情是相互的，学生礼敬师长，教师也必须以礼相待，如此，更容易缔造和谐的师生关系，在学生心中种下被赞赏被期待的种子，他们的文明素质将会更高！

16.适当的"距离"就是教育的艺术

正所谓"亲其师，信其道"，良好的师生关系是提高育人质量的关键要素。良好的师生关系，并非是指老师与学生"亲密无间"，而是指双方应保持适当距离。

师生之间保持适当的距离，会产生威严和美感。对于年青教师尤其是班主任来说，最容易出现的问题是与学生"交往过密，打成一片"。师生之间如果没有距离，就没有威严，就谈不上教育。

距离产生美，当你与学生过分亲近时，学生就分不清课堂与课后；当你与学生太熟时，学生对你的教导会选择性接受或置若罔闻。

教育是艺术，教师要适度保留一份教育者的自重和威严，才能在学生中树立威信，才能使教育教学收到卓越的效果。

17.老师，有时不妨自设"骗局"

作为老师，我们要学会"睁一只眼闭一只眼"：用"睁着的眼"去看学生的优点、长处和潜力，而对孩子的缺点、不足和问题，必要的时候，我们要"闭一只眼"，选择暂时性盲视、失忆，如此，那些缺点、不足和问题可能也就不再是问题了。

这种善意的"欺骗"是一种高超的育人艺术。因为孩子一直在成长，成长中的问题会随着时间的推移和孩子认知的逐渐成熟而消解。

有一个世界级的"大骗子"——世界著名的心理学家罗森塔尔，有一次，他到一个学校，随便挑了十几个孩子，硬说他们是天才，结果八个月后，学校的校长和老师们发现这些孩子进步明显，而且性格活泼开朗，自信心增强。这个"骗局"后来被称为"罗森塔尔效应"，也叫"期待效应"。

如果能从中悟出点道理、持久践行这个"骗术"，可以帮助老师成为教育行业中的佼佼者。

18.传给学生五种精神

传道授业解惑,这是教师的使命与责任。道,主要指人生道理以及精神品质;业,主要指基础知识、基本技能;惑,主要指各种思虑困惑。

处在成长期的学生,既需要认真学习教师传授的知识、技能以及做人的道理,还需要拥有好的品质和精神。品质好、精神境界高的学生,更容易得到长远的发展。所以,我们教师要注重传以下"五种精神"。

(一)传学生以自信自强精神

自信心是决定学生未来发展高度的一个重要标杆;自强是一种精神力量,也是一种优秀习惯。教师对学生要多激励,多做肯定性评价,珍视学生的"小成绩";要多给学生提供摆脱失败、体验成功的机会;要多挖掘学生的潜能,培养学生的"一技之长"甚至"一专多能",尽量做到不指责、不挖苦、不讽刺、不压抑学生跃跃欲试的愿望。当学生意识到自己并非事事不如人时,自信和勇气就会油然而生,久而久之,他们就会变得自信自强,成功的机会也将大大增加。

(二)传学生以担当精神

培育学生的社会责任感和担当精神,既是学生自身成长成才的迫切需要,也是国家和社会发展的必然要求。我们要有针对性地通过教育引导、情境激发、行为养成等途径,培养学生的责任感与担当精神,力求让每一名学生都拥有这样的意识:人所能负的责任,我必能负;人所不能负的责任,我亦能负!

(三)传学生以坚持精神

传给学生向着明确的目标努力拼搏的勇气,让他们恒久地向上,不断拓宽视野。要让他们认识到:三分钟的热度煮的只能是"夹生饭",不忘初心,持之以恒,收获的才会是充实与成功。努力之后,学生就会发现自己要比想象的优秀很多。

(四)传学生以吃苦精神

世上没有人能随随便便成功,吃得苦中苦,方品甜中甜;有苦有甜真滋味,不咸不淡沦平凡。学生的本分就是刻苦学习,现在不吃苦,以后就会更苦。

(五)传学生以主动学习精神

同是一枚鸡蛋,从外面打破是食物,从内部打破是生命。人生莫不如此,从外打破是压力,从内打破是成长。我们要想方设法让每一名学生都树立敢于吃苦的精神,能够发自内心地主动学习,提升内驱力,增长见识,充盈内心,成为最好的自己。

这"五大精神"是实现我们潍坊四中"培养具有自强精神、科学态度、人文素养、家国情怀、国际视野的时代新人"这个育人目标的关键。愿我们的老师人人成为"传道"能手,帮每一名学生实现腾飞的梦想,为成就他们的幸福人生助力!

四、行动性研究中以反思促提升

——从只教不研到不可替代的名师成长必由之路

> 教学反思是教师专业发展和自我成长的核心因素。只有经过反思,教师的经验方能上升到一定的高度。思之则活,思活则深,思深则透,思透则新,思新则进。
>
> 信心教育小课题行动性研究就是我们有效地进行教学反思、促进教师专业成长的锦囊妙计。

1. 反思中捕捉教学的灵性

叶澜教授曾说:"一个教师写一辈子教案不可能成为名师,如果一个教师写三年教学反思就有可能成为名师。"反思,是前行的标杆;升华,是美丽的智慧。没有反思、升华,就不会有深刻的理性觉醒,也就不会捕捉到灵动的教育智慧。

缺乏思考、缺乏反省的习惯不仅无助于教学工作的改进,甚至影响和制约教师教育思想的提升。教师只有持之以恒、扎扎实实地反思总结,笔耕升华,才会有心得、体会,才会有思想、观点,课堂才会富有灵性和智慧。

2.用小课题杠杆撬动教学科研化

据了解,有的老师对小课题研究认识不到位:一是觉得很忙没时间做;二是觉得不知道怎么做;三是觉得做了也没有用;四是即使做也没有深入下去做细致的工作。

希望老师们消除对小课题研究的畏难心理和排斥心理,注重行动性研究,以小课题研究为切入点,让自己逐渐善于行动、学习和思考,提高教育科研的"含金量"。

3.小课题里的大工夫

教育科研必须具有求真精神,做小课题研究也是如此。否则,研究就会失去灵魂。

真做,就是要遵循教育科学研究的规律,老老实实地观察,调查,行动,思考,研究,总结,不能弄虚作假,捏造事实,需要真抓实做,边研究,边总结,边实践,边探索。小课题如果用心真做,不但不是花架子,还是大工夫。

4.课题研究与教学真功

我们不是为开展课题研究而研究,我们的主要目的是解决工作中的实际问题。因此,我们的小课题研究必须贯穿于日常教育教学工作中,不搞花架子,不搞形式主义,而是教育教学真功夫的不断锤炼。

5.小课题研究还有一个名字叫"草根化研究"

它是一棵草,而不是名贵花木,能自然生长于寻常百姓家的庭院、田间地头,它的根要牢牢扎在实践与现实的土壤中,它的目的就在于,通过优化教师人格与专业素养,从而优化教育生态,优化师生的生命质量。

6.做一只勇于震动翅膀的蝴蝶

1979年,美国一位气象学家指出,一只蝴蝶在巴西丛林的一朵花上煽动一下翅膀,有可能会在美国的得克萨斯引起一场龙卷风,这就是著名的蝴蝶效应。

如果我们参与小课题研究的每一位老师是一只蝴蝶,我们期盼着,越来越多的老师振翅,以此引起潍坊四中教育科研的"龙卷风",引起信心教育联盟各学校教育科研的"龙卷风",引起整个信心教育联盟教育教学质量发展的"龙卷风"。

7.小课题研究的行动性原则与叠加效应

小课题研究如果不把行动性研究放在第一位,而是片面地追求新奇,追求高深的理论研究,那么我们怀胎十月真心捧出的"小课题"这个新生儿,要么是脑积水,要么是心律不齐,缺胳膊少腿那肯定是司空见惯的。

如果把我们的小课题研究比作银行储蓄,那么我们要的是零存整取,平时点点滴滴的积累,积少成多,在经过详细地论证、实践后,再加以适当地裁剪,整合,加工,创造,最后沉淀成小课题研究成果。

小课题研究要经过不断的积累，充分的酝酿，就像欣赏美景，不要等爬到山顶上的时候，才回顾哪些景是美的，而是要知道风光永远在路上。

8.课堂文化与教师成长的相互作用

课堂文化是在学校文化背景作用下创造的教学文化。富有生命力的成熟的课堂文化，又反过来促进教师的专业成长，升华教师的人格。

新课程改革以来，课堂教学文化呈现出了一些新的特征，在制度文化上呈现出深化、细化的特征；在行为文化上呈现出对话、合作的特征，等等。这里面有无数小课题等待我们去挖掘，去探究，去发展，去创新。

愿我们潍坊四中的老师内心深处都有不断发现自我、成就自我，进而超越自我的渴望，早日成为学习型教师、研究型教师、思想型教师。

9.在不断研究中成长为智慧教师

有智慧的教师善于从研究的角度来从事教育教学工作，不断地发现问题，思考问题，研究问题，从而不断地增长自己的思考力、感悟力，不断地提炼新见解、新观点，从而全面地提高自己的学术水平和教育智慧。

我们搞研究，既是对学校发展的一份责任心，也是对自己发展的一份责任心，更是对学生发展的一份责任心。

有了较强的责任心，我们才有可能在"咬定青山不放松"中"踏遍青山人未老"，使教育教学水平迈上一个新台阶。

10.教学反思的12个问号

教师课后常常反思这些问题,可以帮助你更快地成长:

本节课我讲授的时间是不是太多?

我哪些地方讲的顺手,哪些地方讲的蹩脚?

我讲话的音调怎样?

我的体态、语言恰当吗?

我在教室里是怎样走动的?

微笑教学了吗?

训斥学生了吗?

授课后感到快乐了吗?

学生听课时的反应如何?

哪些教学设计取得了预期效果?

哪些精彩片段值得仔细地咀嚼?

如果给我重试的机会,在哪些方面我将做得更好?

教学后仔细反思,并找到理想的解决方式,可以让教师在较短时间内成长为一名优秀的教师。

11.幸福教师的资本和底气

教师要想成长,首先要将自己定位成一个自然人,其次才是一个职业人。教师专业成长的目的并不单单是提升职业水平,更重要的是直接提高自己的生活质量,比如教育过程中能产生令人愉悦的价值感、幸福感。

所以我们说,教师专业发展除了能让教师本人更好地适应和胜任自己的教育教学工作外,还能让教师本人增加幸福生活的资本和底气,拥有更充实、更有意义的新生活。

当然,教师的专业发展,也是学生和学校之福,学生会受益无穷,学校也会在此基础上实现教育教学质量的巨大飞跃!

12.不能享受工作就不会成长

一个思维守旧、思想沉睡的人,永远不会有自己的职业成长规划,觉醒才是成长之源。一名教师如果意识到发展是为了自己,能意识到个人成长能提高生活质量和幸福指数的话,那么教书育人就变成了一件非常快乐的事情。正如西方有一句谚语所说:"如果你找到一件非常喜欢的工作,那么,你根本就不是在工作,而是在享受。"

13.教师需要有自觉成长的教育真情怀

教师专业成长是教师职业的要求,如果把专业成长当做工作负担和压力,那不仅影响职业幸福感,而且影响学生的健康成长,所以教师一定要有成长意识,不管起点有多高,只有不断学习,不断进步,才能不断成长。只要有教育情怀,把成长作为享受,不断地学习进步,在实践中不断反思,就一定能实现自己的教育理想。

14.再说"有效教研"

自2008年以来,潍坊四中以"信心教育"办学特色为依托,坚持信心教育小课题行动研究,探索、解决教育教学中遇到的问题。我们的信心教育小课题行动研究是一种扎根于课堂、立足于学生、贴近工作实际的校本教研。11年来,教师伴着小课题成长,小课题随着教师成熟。学校搭建的信心教育小课题研究平台,最大限度地促进了教师成长。目前我们已经组织了16次评选活动,有1300多个小课题获奖,先后举行了16次小课题颁奖展示会,有近百人次做过展示与分享。在他们的引领下,更多的教师踊跃参与到了信心教育小课题行动研究中来。11年来,优秀的四中人初心不改,追求不止,青蓝相继,从未停止过对先进教育理念的探究与实践。这一活动已成为我校信心教育办学的一大亮点。

但毋庸讳言,研究过程中也暴露出一些问题,出现了急于求成或者研究不深入之类浮躁、急躁的苗头。希望更多的老师潜心、工心于信心教育小课题研究,真正想办法、下力气去解决教育教学中面临的现实问题。

同时,提醒大家进行小课题研究时注意以下几点:

第一,研究要创新。选题角度要新,尽量不要重复前人研究了多遍的课题。如果真有共同的研究对象,行动措施上也要有创新之处。行动性措施要新,要大胆实践自己认为好的、可行性强的想法,勇于改革突破。

第二,研究要规范。要加强相关知识的学习,在成一家之言的同时增一技之长。譬如,如何拟题才更符合课题的要求?开题报告、结题报告怎么写才规范?另外,我们强调信心教育小课题研究的行动性,进行小课题研究是为了解决工作中的实际问题,所以实践行动要有计划,有方案,有条不紊地真正落实;在将实践过程归结为课题材料时,既要有充足的实证材料,同时也要有一定的理论支撑,实现一定高度的理论提炼。

第三,研究定位要有适当的高度。研究不是形式,参评不是过场,获奖不是目的。如果将功利性带入我们的课题研究,那我们的科研水平只会永远停留在低层次。要多想想自己研究的课题经过怎样的探究与实践才能成为我们解决实际问题的指南;要多想想如何增加我们课题的附加值,从而让它具有更高的推广价值；要多想想我们的研究成果能否拿到更高的平台上去展示，能否给人更多的借鉴与启迪。

不忘初心，方得始终。愿老师们常存"空杯心态"，在信心教育理念的引领下不断学习，不断思考，努力提高科研水平，更好地提升教育教学质量，紧跟新课程改革和高考综合改革的脚步，立稳求变，沿着小课题行动研究这条快车道，以行动研究为依托，日渐成长为研究型、学者型的优秀教师，努力增强教师的价值感、获得感和幸福感，培养合格的社会主义建设者和接班人，办好人民满意的教育。

五、有效沟通中做和谐师生关系的高手

——用爱心与耐心搭建心灵的桥梁

> 良好的沟通能力,是和谐师生关系的有力武器。
>
> 好老师、好家长,都是表达的高手,都善于用爱心和耐心和谐师生关系。

1.对孩子最好的关注,是及时回应

大量事实告诉我们,多与孩子沟通能提升学生的自信心。每一个孩子都很重要,让他们知道自己在老师心目中很重要的最佳方法,就是及时回应他们微小、微妙的情绪与情感表达、诉求。

信心语谭

我们要追求教与学的卓越,就必须多与学生沟通,这也是我们践行潍坊四中办学理念的重要举措之一。

作为老师,一定要本着为孩子负责的原则,关心、关注每一个孩子。那些不遵守纪律、比较调皮的孩子,更需要与其多沟通。

毋庸讳言,由于部分学生和家长对老师不够尊重等因素,导致了有些老师对那些学生沟通和关注做得不够,这个问题需要我们的老师、学生及家长在反思中共同矫正,只有三方形成合力,才能助推孩子的健康成长。

2.有效沟通的五大要素

人与人之间的交流,无论是在工作、学习还是家庭生活中,都是极其重要的一件事情。

有效沟通包含五大要素:面带微笑,发自内心,真诚表达,认真聆听,目光交流。教师要积极主动地与学生及其家长,与父母、朋友等进行有效地沟通,进一步提高工作和生活质量。

3.融洽的师生关系是教学质量的保障

前苏联著名的教育家赞可夫经过多年的研究,得出这样的一个结论:课堂教学质量的高低很大程度上取决于课堂之上及课堂之外师生关系的好坏。融洽的师生关系有助于创造和谐的课堂气氛。师生每一个眼神与动作都潜藏着彼此的心意与情意,学生感觉到在课堂上就像在温暖的家一样轻松自如,才可能自由发挥,创造高效的学习氛围。

种种实践证明,只有在和谐、健康、平等的师生关系中,才能实现更有效的教育。也就是说,卓著的教育实绩是建立在教学双方深厚的情感基础上的。若与学生关系紧张,疏离,冷漠,仅倚仗教师权威遥控学生就想做好教育工作,这几乎是异想天开。

师生关系的建立,主导方在教师。教师应该主动承担起建立良好师生关系的责任,而真正良好的师生关系应该依托高尚的人格和渊博的学识来构建。所以,老师们,淬炼品格以提升修养,增进学识以增长技能,我们永远在路上。

4.有好关系,才有好质量

这是一项很容易被忽视的基本功:师生之间,有好关系,才能有好的教学质量。

作为教师,我们要树立正确的学生观:每一个学生都很重要。人生来就是有差别的,正是因为这种差别,才有了纷繁的人生和多彩的生活。

所以,我们要接受学生之间存在的差别,多用欣赏的眼光去看待他们,认真读懂他们的内心,使其扬长避短。好的老师更注重关爱学生,让他们带着兴趣去学习,这样,"待优生"便不复存在,师生关系也会更加融洽,我们的教育教学也将更有成效。

5.做有故事的教育

教育就是要引领人过一种更深刻、更精彩的生活。一位优秀的班主任,肩负着教好书、育好人的神圣使命,一定要善于给学生封闭的班级生活增趣添味,使之精彩而高贵。

好的教育,一定有好的"故事";好的教师,一定要给学生留下难忘的"故事"。能给学生留下"故事",应是具有大智慧的教育者不懈的追求。

班级是学生成长的乐园,班主任有责任让其中洋溢着"故事"的芬芳,从而更好地管理班级,同时也能把自己的专业成长之路绘制成一幅充满精彩"故事"的绵长画卷。

6. 老师,我真的好希望您记住我的名字

老师能记住学生的名字非常重要,这样可以拉近师生之间的距离,使沟通和交流更加有效。一个老师如果连所教学生的名字都叫不上来,师生关系一定不会融洽,也一定不会有好的教学效果,更不会得到学生的尊重和爱戴。

记住每个学生的名字,首先要记住表现好的和表现差的学生名字,因为直呼其名的表扬胜于不指名道姓的表扬,而指名道姓地批评与提醒,有时效果更好。

我们每一名教师都应该记住学生的名字,并尽快地了解每个学生及其家庭的情况,这样我们的工作会更加有效。

7. 态度决定高度

实践证明,做一名学生喜欢的教师,并不需要多大的技巧,关键是教育态度!

千万不要以为老师迁就学生就会赢得学生的喜爱,恰恰相反,学生最喜爱的老师,常常是严谨求实、讲原则、非常有正义感的老师。

虽然教无定法,但不断汲取教育经验,并以实际行动探索教育规律的老师,一定是受学生欢迎的优秀教师。

8. 容易被忽视的基本功——让学生"亲其师"

俗话说:只有状元学生,没有状元先生。任何人都有自己的优势与不足,教师也不例外。大多数情况下,学生无法选择老师,而且教师的成长也需要一个较长的过程,而这个过程又特别需要学生的信任、支持与配合。所以,让学生相信自己的老师就是最棒的,这是教育教学的基本功。

相信老师是学生提升成绩的关键因素。因为只有相信老师,学生在课堂上才能聚精会神地听讲;只有相信老师,学生才会在任何困难的状况下都能敞开心扉与老师探讨交流且坚持不懈;教学相长,也只有学生相信老师,老师工作时才更加充满动力和激情。

相信老师是学生对老师最大的回馈,最终受益的还是学生。

客观上讲,我们高中的老师整体上是水平较高的,多数都是比较优秀的。我也相信老师们今后将会全心全意地热爱学生,教育学生,用心倾听,坦诚交流,以赢得学生发自内心的信任与热爱。

有的学生因为老师的某些原因,比如受到了批评、接受不了老师的上课方式等等,就不再相信老师,甚至直接放弃了这门功课,最终导致总成绩下降,在一定程度上影响了本该光明的前程。这是非常可惜的,由此形成的阴影可能是一辈子的。我们一定要防患于未然。

9.你错过的,可能是永不再来的最佳教育时机

教育者在教育过程中要重视言行举止等细节对学生的影响。比如,当学生失意时,一个鼓励的眼神、一句温暖的话语可能就会让他重新燃起对生活的希望;当学生犯错时,一句中肯的批评可能要胜过严厉的训斥……

同时,教育者也要学会智慧地捕捉教育细节,并处理和利用好这些细节。越是细节,越能时时、处处生发着教育的力量,越有穿透灵魂的巨大作用。当然,教育方式众多,诸如此类,不一而

足。教育者有责任用爱心利用一切机会唤醒每一名学生追求卓越的心灵。

10.倾听,做学生的心灵知音

有一位心情郁闷的女孩以每小时500美元的价格去看心理医生,见到心理医生就放声大哭一小时,第二次又哭一个小时,第三次还是哭……也就是说,她花了1500美元在心理医生那儿哭了三次。到了第四次,她不哭了,对心理医生说了一句话:"你是世界上最理解我的人!"

故事中,心理医生并没进行心理治疗却得到了女孩的认可,这是因为心理医生满足了她倾诉情感的需要。我们的学生在学习过程中也会遇到苦恼、困惑,这些苦恼、困惑若得不到宣泄,就会产生一些"副产品"。好的老师应该像那个美国的心理医生一样多听听学生的倾诉。

11.难管的孩子与"霍桑效应"

美国国家研究委员会组织研究小组在霍桑工厂开展了一项"谈话试验",用两年多的时间,找工人个别谈话两万余人次,并规定:在谈话过程中,要耐心倾听工人的各种意见,并做详细记录,不准反驳和训斥。工人由于受到额外的关注而感到心情舒畅,干劲倍增,从而提升了绩效。心理学家将这种奇妙的现象称之为"霍桑效应"。

现在的学生个性十足,越来越难管,根据不同学生的情况采用不同的方式谈心,很多难题就可能迎刃而解。如果教师不注意方式方法,就会伤害学生的自尊和感情,学生与教师的关系必然僵化。

好老师特别懂得倾听学生心声的重要性，总是给学生更多说话的机会，深入了解学生的内心世界，从而更好地教育学生，帮助学生。

12.作为"引路人"，理解孩子是基本功

我在《零距离感受美国教育》一书中曾经谈过:无论是西方还是东方，孩子的本质是一样的，同样可爱，同样天真，同样有好奇心，也同样会犯错误。作为引路人，老师也好，家长也罢，与孩子之间的相互理解才是最重要的。

现在重温这段话，希望能帮助我们加强与孩子之间的理解和沟通。

13.与其动"恼"让自己生气，不如动"脑"让学生服气

亲爱的同事们，千人千脾气，万人万模样。面对家庭环境不同、性情各异的学生，无论在什么情况下，我们都要先调整好自己的心态，时刻告诉自己:我们的工作和生活是为了助力学生成长，让他们体验到人生价值的，而不是动辄就生气让自己沮丧失意的。与其动"恼"，不如动"脑";与其让自己生气，不如让学生服气。

当我们真正理性起来，有了阳光的心态和控制情绪的能力，就真的战胜了自己，也会让学生对我们越来越敬佩。到时，我们就会发现:教育是快乐的，工作是幸福的!

14.别让你的火气"殃及池鱼"

在教育教学过程中，我们一定要慎用批评的教育方式。若必须要用，一定要注意具体问题具体分析，明确问题发生在哪些学生身上,确定好范围后再根据学生的特点采用灵活的方式,作出相应的批评。千万不可让无错的学生也受到责罚,那会让这部分学生从心理上背弃我们。

并且,批评与表扬是辩证统一的,在批评与惩戒犯错学生的同时,也要适时地对做得好的学生给予表扬和肯定。

另外,表扬和批评时忌随意许诺,一旦许诺,要及时兑现承诺。教师一定要做到言必信,行必果。如果我们言而无信,学生必会认为老师是没有诚信之人,在他们心里,我们就会信誉扫地,以后学生对我们的教育也会不以为意,更谈不上"亲其师,信其道"了。

15.在学生面前认错,也是一种师德

信息时代,知识资源的获取渠道宽广,教师在知识上享有的霸主地位受到了很大的挑战,教师的认知局限也越来越明显。所以,为了适应时代要求,对教师来讲,提升自己的知识与专业技能势在必行。

此外,在其他教育教学工作中,特别是在处理学生的问题时,教师也难免有不周全的地方。无论在哪一方面出现失误,教师都要及时地运用教育机智,真诚地向学生承认错误,并及时改正。这样做不仅不会丧失教师尊严,反而会让学生对教师刮目相看,提升教师在学生心中的地位。

16.教育是一门走心的艺术

教育是一门走心的艺术,唤醒学生内心的追求,是教育生效的前提。对教师来说,能够走进学生内心才是最高的育人艺术,否则,就难以称其为优秀的教师。

教育是一门复杂的艺术,任何将其简单化的粗放处理都不是长久之计,比如肤浅的严厉、"一刀切"的教学模式、对学生选择性地放手不管等。

教育是一门精湛的技术,教师需要具备全面的专业素养,需要具备精益求精的工匠精神。教师在课堂上应当抓住全体学生的注意力,课堂上学生喜欢还是不喜欢听你的课,一定程度上跟教师自身能力、是否具备高超的教育艺术、讲课是否精彩有关。假如课堂上走神甚至瞌睡的学生较多,这跟教师的课堂调控水平有一定的关系。

所以,教师有责任不断提高自身能力与教学艺术,在课堂上使枯燥的知识生动精彩起来,紧紧吸引学生的注意力以提高其学习效率。我们有足够的理由相信,课堂效率有了,好的教育效果也一定会有。

17.基于尊重的惩戒才是真"惩戒"

惩戒是为了帮助惩戒对象成长,所以,真正的惩戒需建立在尊重之上。

信心教育倡导赏识、激励为主,但并不是不要惩戒。惩戒是为了帮助学生建立更强的信心,但惩戒一定要以尊重学生为前提。

动不动就朝着学生发火,动不动就大声呵斥、暴跳如雷,动不动就用刻薄的语言挖苦学生,或者戴有色眼镜去看待学生,这样的老师不懂得教育艺术,不懂得尊重学生,也就无法赢得学生的信赖和尊重。

18.教与学双方的共生性

教学,并非是给予和接受的关系,也不仅是一方施教另一方

受教的关系。从生命科学与教育科学结合的视角来看,教师与学生,是一种共生的关系。

每一个生命都有最靓丽的闪光之处,找到并培植它,让它像树苗一样在关爱的环境中渐渐成长、向上,它才能最终长成参天大树,而它所滋养的生命就会更加丰盈与厚重。

教学相长,教师的发展能更好地促进学生成长,学生成长的同时促进了教师的再发展——学生身上的诸多可贵的品质,可以使教师汲取到升华人格、完善自身的营养。

放弃教师发展而片面追求学生发展,最终学生的发展也只能是"空中楼阁"。所以,信心教育首先要相信教师,给予教师自由发展的空间和舞台,以充分挖掘教师的潜能,让教师信心百倍地教育学生,最终学生的发展才可能实现。

作为教师,热爱每一个学生是我们的天职,是最基本的职业要求,也是最重要的职业道德。爱是相互的,学生只有感受到老师的爱,才会亲其师,信其道,才会更加尊敬老师,更加努力学习,我们的教育也才更加有利于学生的发展。

19.对学生,要深爱,更要慎教

教书育人是一份很光荣、很神圣的职业。教师工作不可能很轻松,一名很轻松的教师,也不可能成为很优秀的教师,但今生能当一名教师是非常幸福的。

一名教师的幸福,在于可以成为很多学生的人生导师。教师在教学生涯中会遇到很多学生,每一名学生都只是他众多学生中的一个。然而,对于学生来说,教师却是他生命中遇到的众多人中有限的几个。教师能引领学生探索大千世界的奥秘与精彩,能帮助学生排除成长路上的诸多困惑,所以,从这种意义上讲,教师是学生一生的贵人!

一名教师的幸福,在于学生热爱并崇拜你,家长信任并感激你,同事敬重并佩服你,社会认可又赞赏你。你可以为助力学生成才而快乐,因肩负得起教育的责任与使命而自豪。

教书育人,责任重大。庄稼误,误一季;孩子误,误一生。愿我们广大教师时刻牢记使命,勇于担当!对学生,爱,请深爱;教,请慎教!

20.受学生欢迎的"四项修炼"

一名老师能否受到学生的喜欢,与老师的敬业精神、业务水平的高低这些因素有关。除此之外,多数学生更倾向于看老师是否有幽默感,讲课是否有激情,教学有没有独特风格,能不能公正地对待每一个学生等因素。

(1)幽默感

一名有幽默感的老师,不仅可以通过适时的幽默调节课堂气氛,融洽师生关系,拉近师生距离,还可以获得同学们高度的认同感。如果老师兼具高超的教学水平的话,一定会使学生的满意度"爆棚"。

(2)激情

激情四射的老师一站到讲台上就释放出"万丈光芒",形成巨大的磁场。学生被老师富有感染力的讲解引领,思维会变得更加活跃。同时,学生被老师的个人魅力折服,也会更加喜欢这门课,学习专注度会更高。

(3)公平

如果老师对学生不公正,即使业务水平再高,也会很快丧失威信,教育效果必然大打折扣,如此,便很难高效率地实现教学目标。

成为一名让学生喜欢的老师,是我们矢志不渝的追求。学生喜欢老师,才能喜欢课堂;喜欢课堂,才能喜欢这门学科;喜欢这门学科,才能更喜欢学习,才能在学习中体验到快乐,才能在未来更好地发展,更好地成长。

(4)独特风格

优秀老师的课堂一般都与众不同,有的老师语言优美,妙语连珠;有些老师讲解简明扼要,深入浅出……这些有独特之处的老师最让学生难忘。

发展学生

信心 语谭

一、用目标和信心冲破"我不能"的限制

——只要你愿意,你完全可以做最好的自己

> 人的潜能是可以不断挖掘的。没有谁能阻止你成功,除了你自己。
>
> 请把"我不会"改为"我可以学"!请把"我不敢"改为"我愿意尝试"!不断学习进步,不断探索未知,才不会辜负生命里的每一段时光!
>
> 信心是一股强大的精神力量,它可以支撑你勇往直前!

1. 人之所以能,是相信能

习主席说,新时代属于每一个人,每一个人都是新时代的见证者、开创者、建设者。的确,这是一个人人都可以成为强者的时代。在风华正茂的中学生群体中,也不乏真正的强者,他们几乎都拥有四把"力斧"。

第一把是强大的自信力。人之所以能,是因为相信能。超强中学生既有学业必成的信心,更有舍我其谁的豪气。他们迎接挑战,始终坚信自我!他们目标明确,不断超越自我!

第二把是强大的学习力。学习力是超强中学生最大的竞争力和取得成功的原始资本,他们会克服任何学习困难,尽最大可能提升学习内动力。

第三把是强大的意志力。中学时代是一个相对漫长艰苦的时期,真正的强者一定会耐得住寂寞,受得了煎熬,抗得住诱惑,很懂得取舍。在强者的字典里,有不成功,但是绝没有失败。

第四把是强大的掌控力。他们都有强烈的时间观念,尤其善于做时间的主人,特别懂得规划和掌控自己的时间。决不在自己美好梦想的"干扰项"上浪费任何的时间和精力。

新的起点,愿我们人人努力拥有超强中学生的四把"力斧",披荆斩棘,乘风破浪,成就更强大的自己!

2.实现目标要遵循的"四大法则"

无论工作还是学习,前进都需要一个目标。要想实现目标,需要遵循"四大法则"。

法则之一:合理规划,准确选择。要选择好适合自己发展的近期和远期目标。我们反对胸无大志,同时更反对好高骛远。对有的人来说,先挣它一个亿是"小目标",而对有的人来说,先还上本月的房贷就是"大目标"。你选取什么样的目标,往往就会有什么样的成就。

法则之二:扎扎实实,循序渐进。既不可松劲懈怠,也不可急于求成,要拼得上韧劲,稳得住阵脚,一步一步往前走。学习成绩

暂时不理想的学生,自己很着急可以理解,但不能乱了思维,没了头绪,急而不躁才能变被动为主动。

法则之三:认准目标,看清距离。在一个群体中,下游赶中游,中游追上游,这是量力而行的竞争法则,也极容易心想事成。

法则之四:坚定信念,坚持不懈。计划或目标确定之后,就要坚定信念,认定目标,不能迟疑,要时刻告诉自己:我命在我不在天!我行!我能行!我一定能行!

正如王健林所说,心和舞台是一个逐渐放大的过程。愿同学们在实现目标的过程中坚守"四大法则",时刻保持向上的动力、清醒的头脑,日有所进,月有所长,最终实现自己的远大理想。

3.信心,能彻底改变人的命运

信心对我们每个人都非常重要。从一定程度上讲,信心能改变人的精神状态和生活状态,能让人拥有积极的心态,从而激发自身的最大潜能,最终能彻底改变人的命运。

古代有这样一个小故事。两个书生进京赶考,路遇有人家出殡。一个书生心想"真晦气,这次科举肯定落榜",顿时无精打采。另一个书生却大喜过望,心想"这可是升官发财的好兆头"。结果前者提不起精神,真的落榜了,后者却因信心十足,金榜题名。回到家里,两个人都对家里人说:"棺材"真的好灵。

这两位书生的结局天壤之别,一个金榜题名,一个名落孙山,原因就在于对自己是否有强大信心。有了信心才能以积极的心态面对任何事情;有了信心,就会时常有一种无所不能的感觉。如果你想成为一个成功的人,那么请为自己加油,以100%的信心,让积极打败消极,让坚强打败脆弱。只要你愿意,你完全可以做最好的自己。

愿同学们都能以理想为舵，信心作帆，始终怀着积极的心态，坚定地驶向成功的彼岸！

4.踏平艰险成大道，一路豪歌向天涯

"你挑着担，我牵着马……踏平坎坷成大道，斗罢艰险又出发……风云雷电任叱咤，一路豪歌向天涯……"当熟悉的旋律响起的时候，唐僧师徒四人历尽千辛万苦最终取得真经的场景瞬间浮现在眼前。

《西游记》的故事吸引了数代人，也鼓舞了数代人。人生在世，要想成就一番大业，取得"真经"，必须像师徒四人一样齐心协力，精诚合作，历尽挫折与磨难而百折不挠。路在每个人的脚下，有了斗罢艰险又出发的勇气，才能踏平坎坷成大道。

同学们，在你们求学的路上，有无数人与你们齐心协力，并肩作战，为你们呐喊助威，父母、老师、同学……他们中有人为你挑担，有人为你牵马，你们还有什么理由不"静专思主"，潜心学习呢？

在你们成长的路途上，有困难坎坷是正常的，别气馁，别彷徨！战胜困难，关键还得靠自己。如果拿出师徒四人"踏平坎坷成大道"的精神和勇气，还有什么困难能挡住我们？

敢问路在何方？路在脚下！加油，四中的学子！我看好你们！

5.有强烈的成功欲才更容易成功

成功学大师卡耐基曾说："欲望是开拓命运的力量，有了强烈的欲望，就容易成功。"同学们若想有一个美好的未来，就一定要拥有成功的强烈欲望。拥有成功的欲望，内心足够渴望成功的美好，才有顽强的意志力去支撑自己，鼓舞自己，超越自己。拥有

成功的欲望,就会主动确定明确的奋斗目标,并且信心十足。为了更快地实现目标也一定会足够刻苦,足够坚持,足够耐心,足够深入。

拥有成功的欲望,就不会惧怕成功路上遇见的迷惘、失意、痛苦和煎熬等各种不舒服的体验。无论遇到什么困难,都毫不动摇,坚持行动。

愿每一个同学都有强烈的成功欲——尤其是暂时落后的同学,要信心百倍,明确目标,刻苦勤奋,意志顽强,迎头赶上。我相信你们一定能够做到!加油!

6.不要害怕困难,它也许是你"弯道超车"的机会

只有经过炼狱般的磨练,才能拥有创造美丽天堂的力量;只有流过血的手指,才能弹出世间的绝唱。你有多么努力的现在,就有多么不惧的未来!

困难就像弹簧,你弱它就强,所以,人要有自信心,即使到了最危急的关头,也要相信自己的勇敢与毅力,迎难而上,强大自我!你自身的强大,才是你超越他人的底气。

同学们,人生若没有一段想起来就热泪盈眶的奋斗史,便缺少诸多意义。别让未来的你,讨厌现在的自己。从现在起,我们就要不断磨砺自己,不惧困难,无畏挑战,不断进步,不断超越!如此,你才能走向胜利,未来的你也一定会感谢现在忘我奋斗的自己!

7.奋而自勉,自会获取成功之门的入场券

"有志者,事竟成,破釜沉舟,百二秦关终属楚;苦心人,天不负,卧薪尝胆,三千越甲可吞吴。"这是蒲松龄落第后的自勉联。

蒲松龄少时几次赴科举考试都名落孙山,于是他愤而放弃科举转而著书,为激励自己,书此联并刻于铜镇尺上。苍天不负苦心人,蒲松龄矢志不渝,终成一代文坛巨星。

有志者自有千方百计,无志者只有千难万难。同学们,让我们常怀"我行,我能行,我一定能行"的信念,用实际行动证明自己是真正的有志者,在挫折与困难面前,自强不息,砥砺奋进,你的师长和同学们相信你"一定能行"!

8.我不敢偷懒,因为比我优秀的人还在努力

愿同学们确立这样的信念:我不敢偷懒,因为比我优秀的人还在努力!我能放弃选择,但是我永远不会放弃努力!

人们常说:"不经历风雨,怎能见彩虹?"不去努力,就不会有希望。要想实现心中梦想,就得学会努力。越努力,越优秀!越努力,越幸运!

同学们,为了未来的无怨无悔,为了能看到明日美丽的春光与沉甸甸的秋实,请努力努力再努力!我百分百相信:在不久的将来,你们定能用辛勤的汗水换来梦寐以求的巨大成功!

9.人生没有白走的路,每一步都算数

小时候学琴觉得苦,长大后却发现有个技能挺好;学英语时背单词觉得苦,后来却发现那是考研、找工作的必要条件;求学时觉得学习苦,却发现身边爱学习、能吃苦的孩子纷纷考进了名校……

这世间的成就,没有哪一种能唾手可得,任何人都需要流着辛勤的汗水,蹚着困苦的沼泽艰难跋涉,才可能会迎来梦想的曙光。请相信:你流下的每一滴汗水,都将演绎成奖章上的璀璨光

芒,回报给你奋勇前进的力量!你遇到的困难氤氲出的灰色暗影,正是你锦绣蓝图上最美的色彩!

同学们,成功只会眷顾坚定者、奋进者、勇敢者,而不会等待犹豫者、懈怠者、畏难者。未来你想拥有更多的美好,现在就要付出更为艰辛的坚忍与刻苦。

人生没有白走的路,每一步都算数。你当下的每一份努力,只会为你的前程增光添彩,让你的未来更加闪亮辉煌,让你的人生更加精彩完美。

10. 让学习的过程成为淬炼意志品质的"八卦炉"

屈原曰:"及年岁之未晏兮,时亦犹其未央。恐鹈鴂之先鸣兮,使夫百草为之不芳。"诗句意在告诉我们:年轻的时候,趁着大好时光,应有所作为,现在努力学习是为自己的未来做准备;等到年老体衰、吃过亏受过苦后再想努力,一切都来不及了。

学习既不是给老师学的,也不是给家长学的,而是给自己学的。丰富的学科知识武装的是自己的头脑,复杂的学习过程淬炼的是自身的意志品质。通过追求知识提高自身文化层次应该是自己的事情,与别人无关,而且别人也无任何办法代劳!

同学们,天道酬勤,学道酬苦。只有拼出来的成功,没有等出来的辉煌。让我们从现在开始,更加自觉主动,为了自己而学习,为未来成功而努力,用进取、拼搏来赢取充实、辉煌的人生!

11. 勿贪安逸,做一个让人瞧得起的人

懒惰可以毁掉一个人,勤奋可以成就一个人。当你因持续勤奋而越来越有能力时,自然会有更多的人看得起你;当你活得越来越漂亮越来越精彩时,自然会有更多的人尊重你。

改变自己,你才有自信,梦想才会慢慢地实现。千万不要等将来回首往事时,只能用"想当初……""如果……""要是……"之类的话来敷衍自己,到那时,就真的追悔莫及了!

同学们,努力勤奋,做最好的自己,方可无愧父母,无愧青春,无愧岁月!

12.壮大灵魂之势,冲出迷茫之沼

《管子·势》:"人既迷芒,必其将亡之道。"陷入迷茫,必定要走向灭亡的道路。

让人迷茫的原因有很多,其中一个非常重要的原因是:在本该拼搏的年纪,想的太多,做的太少!你若不想人生迷茫,不仅仅需要一个切合实际的目标,还需要完整、科学的规划和脚踏实地的行动力,没有行动支撑的口号永远只能是口号。

作为高中生的你,可能也会懈怠,也会迷茫。如何摆脱懈怠?如何走出迷茫?

答案很明确,一个字:干!两个字:实干!N个字:持之以恒、坚持不懈地干!

13. 读更好的大学,入一流的圈子

我们都知道,人生似一场马拉松,虽然道路漫长,但起点决定不了终点,而且紧要处常常只有几步,往往最关键的那几年,就足以定义你的一生。因此,时刻提醒正在读高中的孩子一定要努力学习,争取读更好的大学,入一流的圈子,即使在假期里也不要放松,要通过三年切实的努力拼搏争取升入更好的大学来成就自我。

好学校聚集了最优质的教育资源,更聚集了一批最优秀的

信心语谭

人才。同时，好的大学会帮你筛选校友，让你遇见同一波段的人。所以，你选择的不仅是大学，更是具有同一波段的人的圈子。

好学校，给你学历，更给你受益一辈子的经历，给你立足社会、服务社会更好的平台。

14.争做大格局的中学生

一个人智商高不高不重要，重要的是要有大格局。我们许多同学都梦想将来成为某个行业或领域的骨干力量，甚至领军人物，这是极好的。不想当将军的士兵不是好士兵，我期望每个学生都有这样的大格局、大志向。

有大格局的人大都拥有锲而不舍的精神，因而更容易成就大事业。就像新东方创始人俞敏洪、阿里巴巴创始人马云，上学期间，他们都不是班里成绩最出色的学生，但他们都拥有大梦想、大格局，永不言弃，通过自己的努力先是考上大学，后来又有了大成就。

有大格局的人都拥有高尚的情操、良好的品格。这是提高境界和开阔视野的基础，更是成为行业精英的必备条件。要想成为未来的领军人才，同学们现在就要努力锻造自己的优秀品格：乐观自信，真诚自律，善于学习，善于反思，善于行动，尊重他人，学会担当，懂得付出，勤奋刻苦，永不言弃。

希望同学们人人争做拥有大格局的中学生，超越自我，绽放人生！

15.对于自己的教育，是每一个人的责任

奥巴马的开学演讲——"我们为什么要上学"，很值得学习和借鉴。他这场演讲的主题是"对于自己的教育，是每一个人的

责任"。下面摘录主要观点:

(1)不管你将来想要做什么,你都需要相应的教育。这世上不存在不把书念完就能拿到好工作的美梦。任何工作,都需要你的汗水、训练与学习。

(2)你们中的每一个人都需要培养和发展自己的天赋、技能和才智,来解决我们所面对的最困难的问题。假如你不这么做,假如你放弃学习,那么你不仅是放弃了自己,也是放弃了你的国家。

(3)不管你决定做什么,我都希望你能坚持到底,希望你能真的下定决心。

(4)并不是每件事,你都能在头一次尝试时就获得成功。但那没有关系,因为在这个世界上,最最成功的人往往也经历过最多的失败。迈克尔·乔丹就曾经说过:"我一生不停地失败,失败再失败,这就是我现在成功的原因。"

美国总统用来教育下一代的这些道理,中国的孩子们也耳熟能详。接受教育的过程的确是带着父母的谆谆嘱托和老师的殷殷期盼,但是学习终究是自己的事情,与学习的好坏关系最大的人是自己!让自己接受最系统、最完整的教育,把自己打造成一个对社会发展有用的人,是未来要成家立业的人不可推卸的责任!将自己培养成为对祖国发展有卓越贡献的新时代人才,是任何公民不可推卸的责任!接受教育,是人生而为人的责任!

16.登高方能望远,高度决定视野

树立远大的志向从来不是一句空话,树立远大志向要付诸切实的行动,要在各种逆境面前,不断挑战自我,战胜自我,笃定坚毅,矢志不移。一名12岁的少年豪杰,在立下"为中华之崛起而读书"的誓愿后,怀揣大志,救亡图存,艰难险阻,一无所惧。在

经过了近四十年的革命风雨的历练后,他当之无愧地成了中国人民乃至世界人民集体拥戴的大国总理。

无志之人常立志,有志之人立长志。立志不难,难的是为了实现梦想,一如既往地脚踏实地,心系目标,始终向前。同学们,只有凌绝顶的人才有"一览众山小"的体验,我们在未来是走向成功还是归于平庸,在很大程度上取决于是否把这句话落到了实处:目标在远方,路在脚下。

17.抓住该抓住的,放弃该放弃的

正如"雁过会留声,人过须留名"一样,我们的每一步、每一个足迹,都是我们生命的留言。这份留言承载了我们人生的意义,彰显着我们生命的价值。

很多时候,生命的价值是由自己创造的。谁坚持不懈,谁就抓住了成功的契机。如果你想成为一颗珍珠,只能沉入浪沙,历经无数次的磨砺,一次一次永不止息,才会有熠熠生辉的一天。

谁对时间越吝啬,时间对谁越慷慨。放弃时间的人,时间也会放弃他。法拉第中年以后,为了节省时间,把全部身心都用在科学创造上,拒绝参加一切与科学无关的活动。居里夫人为了不使来访者拖延拜访的时间,会客室里从来不放坐椅。

亲爱的同学们,珍惜当下,坚持该坚持的,放弃该放弃的,过好每一刻,走好每一步,相信你定会成为一颗温润无暇的珍珠,让人生在充实与美好中定格!

18. 让星星之火燎原——致有梦想而学习主动性仍待提高的孩子们

学习内动力是成功的重要根基,有的学生学习主动性较低,

主要是没有学习目标,缺少学习动机,对学习不感兴趣,并且意志薄弱,惰性大,自觉性低。

有梦想,无斗志,那是徒劳;有激情,无主动,那是虚无;有计划,无落实,那是枉然!

一个人不想被叫醒,你怎么叫他,他也难以醒来;一个人不想被点燃,你怎么点火,他也难以温热;一个人不想努力,你怎么激发他,他也难有斗志……

要想改变现状,除了学校、家庭、社会这些外部因素之外,主要还得靠自己的力量!

自己想燃烧,星星之火便足以燎原;自己想努力,一点助力也可以奋发。更何况,如今的学校环境、家庭环境、社会环境,对于营造良好的学习氛围非常有益……

为了梦想,让我们从现在开始,加倍珍惜优越的学习条件,以更坚定的信念、更强的主动性和行动力,以乐学、会学、主动学的态度,专注如一,坚持不懈,努力做最好的自己,成就非凡的人生!

19.人生的意义总是在理想和信念的光辉中闪烁

对于中学生来说,有理想和成功的信念最重要,因为人生的意义总是在理想和信念的光辉中闪烁。有理想才会有追求,有信念才会有动力。

有的同学之所以缺乏学习动力,主要在于没有理想和信念,因此也就没有明确的学习目标,表现在行为上就是:上课不认真听讲,课后懒于做作业,不知道主动寻找适合自己的学习策略和方法。长此以往,学习上遇到的困难越来越大,对学习越来越没有信心,以至形成恶性循环。他们在风华正茂的年纪却碌碌无

为,得过且过,本应精彩的生命注定要归于平庸。

曾经培养了6位美国总统、33名诺贝尔奖获得者和数十家跨国公司总裁的美国哈佛大学,经过多年研究证实:人在学习和事业上的成就,至多只有20%归功于智力因素,而80%以上应归功于非智力因素的作用。所谓"非智力因素",就是个人的理想、信念、意志和学习的习惯等。同学们要想学习好,首先必须拥有把学习搞好的理想、信念和决心,然后付诸行动。

远大的理想是由一个个小的理想构成的,只有远大的理想而没有小的理想,就容易好高骛远。同学们可以向俄国著名作家托尔斯泰学习,他曾将人生的理想分成一辈子的理想、一个阶段的理想、一年的理想、一个月的理想,甚至一天、一小时、一分钟的理想。

有理想、有追求,就会创造性地学习和生活。创造新思想,创造新方法,创造新理念,创造新成就。躬逢盛世,同学们应该以高度的历史责任感,为实现中华民族的伟大复兴而刻苦学习。当你置身于这样的理想和信念中,你便能天天享受到创造的快乐,能真正体验到什么是骄傲、什么是自豪。

20.让未来的你感谢现在拼命学习的自己

"不下庄户""跳农门"曾是几代人的励志目标,这并非没有道理。如果你是一个说实话的人,无须遮遮掩掩,你若十指不沾泥,你就不知道为什么有那么多人争先恐后地想要逃离花香鸟语的乡土。

不少人总喜欢以诗人的情怀,把乡村吟咏成久违的山水田园,但那里绝不只有《山楂树之恋》里的清静安闲,还有日复一日、年复一年的喂猪,放牛,打谷,割麦……

未来还是必须有农民,也必须有工人,必须有……各行各业都得有,努力吧,孩子们!我们要争取拥有更强的本领,开辟自己理想中的"山水田园"。

21.走得艰辛追梦路,他日云开见吉祥

同学们,在学校读书不仅要学习各种文化知识,更重要的是通过学习可以培养一个人吃苦的习惯和能力。如果你连高考的苦都不怕,人生就没有苦能难得倒你了,这就叫:"曾经沧海难为水,除却巫山不是云。"

有的同学可能会说,我爸很有钱,我为什么要努力学习?我要告诉你,你现在可以花他们的钱,因为你未成年,供养你是他们的义务。你上了大学也可以花他们的钱,因为你刚成年,这是他们对你的包容,但是你毕业之后再花他们的钱,这就是你的耻辱。

你长大了,就应当回报父母恩,而你却因学习不努力,导致没能力。结果,你就只会索取,而不能给予。同学们,慈爱的父母一直在想尽办法让我们接受最优质的教育,最终他们期望的结果在哪里呢?估计所有的辜负都是因你的不吃苦,不努力。

放眼社会,为数不少的"啃老族"成了年迈父母无奈的负担,如果真像"啃老族"那样只会伸手去要,那我们的一生岂不是要在别人的抱怨与白眼中度过?还何谈追求人生的价值与意义?更何谈享受人生的精彩与成功?

同学们,没有人能替你去实现你的梦想,你只有自己去经历追梦路上的辛苦,才能具备掌握命运的能力,因为你的人生终究是你的"单人旅途"。

22. 在最利于成长的季节里掌控主动权

同学们,当你迎着新学期的第一抹朝霞、呼吸着乍暖还寒的空气、沐浴着万物生发的春光、行走在上学的路上时,你是否思考过新学期自己将怎样成长?

春天是播种的季节,只有在春天播下希望的种子,秋天才会有丰硕的成果。莫彷徨,莫等待,那张罗列收获的成长履历要完全靠你自己去书写,所以你的田园就得靠你自己耕耘、护理。老师、家长和挚友可以帮扶呵护,但终是无法替代身为园主的你啊!

愿同学们尽快明目标,树信心,强斗志,燃烧激情,拥抱梦想。

新目标,新高度,新挑战,坚定信念才能有满满的收获!新学期,高标准,高要求,师生共进,真心行动方可成就梦想。大家一起加油!

23. 有一种态度,叫"做最优秀的自己"

做最优秀的自己,是一种精神层面上的高洁,是世俗面前的特立独行,是孟夫子的"穷则独善其身,达则兼济天下",是屈子的"举世皆浊我独清,众人皆醉我独醒",是李太白的"仰天大笑出门去,我辈岂是蓬蒿人",是范文正公的"先天下之忧而忧,后天下之乐而乐"。

愤世嫉俗,我行我素,成就不了自己的优秀;刚愎自用,恃才傲物,也成就不了自己的优秀;目空一切,师心自用,亦成就不了自己的优秀。

做最优秀的自己是一种人生态度,相信自己,做好自己,笑对坎坷,为自己鼓掌,为朋友助威,为社会献力,为民生纳福,你就是一个最优秀的人！更是一个高尚的人！

24.目标是前进的引擎

常听有的同学说：老师，我已经非常努力了，但为什么还是没有考到前**名？

同学们，有明确的奋斗目标，这值得点赞。在这里，我们需要明确一个问题：目标是一个人前进的引擎，有它做牵引，前行才有动力和方向。而前进的幅度大小又跟专注、勤奋、毅力等其他多种优秀的品质息息相关。

换言之，有了目标才有努力的方向，才有前进幅度大和小的问题。如果没有了目标，会方向迷茫，停滞不前，其结局往往是不可控的。

人生就是由无数个目标组成的。首先树立长远目标，然后把其分解为一个个短期目标，短期目标的日渐达成，就是在不断实现长远目标。

同学们，有了目标才会有踏实的行动，你的长远目标想好了没有呢？

25.学习从来就是一件苦差事

学习从来就是一件苦差事，古今中外概莫能外。要不，哪来的"天道酬勤"？哪来的"头悬梁，锥刺股"？哪来的"凿壁偷光""囊萤映雪"？

我们要相信学习上没有捷径可走，也要相信天才是百分之一的灵感加上百分之九十九的努力。以苦为乐，方能吃得苦中苦；见贤思齐，方能成得贤中贤。

成功的经历本身就是一个吃苦耐劳的过程，比别人优秀的

背后是比别人吃更多的苦,受更多的累。要想成为优秀的自己,唯一要做的就是确定自己远大的目标,并为之不懈奋斗。

26.走自己的路,让别人打车去吧

"走自己的路,让别人打车去吧。"时下很戏谑的一句话让我想起了意大利文学家但丁的代表作《神曲》的一句诗:"走自己的路,让别人说去吧。"他告诉我们,自己的人生要由自己主宰,人不可能一辈子生活在父母的庇护下,也不可能永远成长在老师的引导中。一个人想做点事情,就要走自己的路。古今但凡能成大事者,哪个不是敢于喊出自己声音、坚持走自己路的人!人云亦云,亦步亦趋,注定与成功无缘。"走自己的路,让别人打车去吧。"此话恶搞但不恶俗,它同样包含了坚信自我的内涵,无论在什么时代,只要掌握好手中的方向盘,对自己有信心,才能走好自己的路。

二、用优秀的习惯成就美丽的人生

——成功的教育从好习惯的培养开始

> 习惯就是人格,习惯就是命运,习惯来自于持之以恒的言与行的积累。
>
> 习惯养成于点滴之中,力量暴发于无形之处。
>
> 好的习惯,坚持日久,会产生一种成倍叠加的神秘力量,助你走向大成。

1.播种习惯,收获命运

我们每个人的心田好比一块神奇的土地,播种了思想,便会有行为的收获;播种了行为,便会有习惯的收获;播种了习惯,便会有品德的收获;播种了品德,便会有命运的收获。

播种着习惯，我们同时也在不断地收获着成功与自信！相反，不良的习惯会使你失去"幸运"，会使你错失机遇，会阻碍你开发自己的潜能，会让你丧失信心。

养成良好习惯，是增强信心的重要保证，它会助你成就辉煌人生。

2. 培养广泛的学习兴趣，是提高成绩的必要前提

孔子曰："知之者不如好之者，好之者不如乐之者。"爱因斯坦也说："兴趣是最好的老师。"这都充分说明了兴趣对人发展的重要性。

兴趣可以使我们干劲倍增，信心百倍。无论学习还是工作，只有有了兴趣，才会有把自己梦想付诸行动的强烈愿望和坚定的落实力。

同学们，在学习中，若失去了跟从某位老师学习的兴趣，可能也会失去对这门学科的学习兴趣；失去了学习兴趣就会令人产生倦怠情绪，对这门学科的学习也会收效甚微；学习上收效甚微，久而久之，就会形成知识上的短板；知识上的短板又会让自己越来越不自信，这种不自信又将直接影响人心智的健康发展。总之，对学习没有兴趣会造成恶性循环，贻害无穷。

所以，培养广泛的学习兴趣，提高学习内动力，是发展强大的学习能力和提高学习成绩的必要前提。

3. 最响亮、最震撼人心的豪言壮语——"做起来！"

梦想美丽，志向可嘉，自信可敬，但若没有踏踏实实地马上去做或做而不持久，一切都是空谈。

只有做起来，一切有价值的思维才能落地，才能接受大地力量的加持。

"故不积跬步,无以至千里;不积小流,无以成江海。"从理论上讲,每个人的潜能都是无限的,但是要付诸实践,就得脚踏实地,一步一个脚印。只有在学习、工作中不断积累,才能不断地充实、丰富、完善自己,才能让自己不断地前行。

想,都是问题;做,才是答案。只有专心致志、坚持不懈地做同一件事,才能不断地有新的领悟、新的收获。

学习和工作,贵在养成不断积累的习惯,只有这样,才能不断地充实、丰富、完善自己,才能让自己不断地前行。

4.更优秀,是因为习惯更好

培养好的学习习惯非常重要,如:认真书写,专心听课,独立完成作业,善于提问题,认真改错,有耐心、细心,主动学习,持之以恒,今日事今日毕……这些习惯培养起来,比其他任何因素都有利于学生的成长。

5.每一个不曾思考的日子,都是对生命的辜负

在促人成长发展的各种能力中,思考创造能力是最重要的能力之一,它能助人从平庸走向卓越。古往今来,凡取得大成就者无不有着超强的思考创造能力。

一般说来,思考创造能力有两种:创造性思考和验证性思考。创造性思考指的是创造新事物或新模式;验证性思考指的是用逻辑思考,一边分辨真伪,一边推论。这两种思考方式都是提升能力的重要方法,更是历练自我的有效途径。

学会思考比学会识记更重要,思考内容可以包括学科知识方法问题、自我健康成长问题、人际交往问题,不一而足。无论现在还是未来,学生独立思考能力的缺失,终是教育的悲哀。

同学们,每一个不曾思考的日子,都是对生命的辜负。愿你不放弃,不辜负,深思考,善创造,成旷世伟业,赢不凡人生!

6.独立思考是独立人格的前提

在信息时代,我们每天都会接触到五花八门的信息,如果没有独立思考的能力,势必无所适从,甚至上当受骗。

从人生哲学层面上看,缺乏独立人格,凡事随波逐流、毫无主见,就是缺乏独立思考能力的结果。所以,独立人格的培养从独立思考开始。而独立完成作业,是培养独立思考能力的直接方式。

学生养成独立而认真做作业、做练习的习惯,是学习中非常重要的一环。做作业,是为了巩固所学的知识,而不是为了交教师的差,也不是为了应付家长。

有的学生做作业,会做的题敷衍了事,不会做的一笔不动;简单的题会而不对,复杂的题对而不全:这些不良习惯将会严重地影响其学习的效果,不利于其独立思考能力的提高。

7.调整习惯,降低犯错率

有许多同学基础知识、智力水平相当,接受的教法、做过的练习也几乎一样,为什么一到考试时成绩却相差很大?这在一定程度上取决于做题时犯错的几率。

如果平时对错误持"无所谓"的态度,那么到考场上,犯错几率就会只增不减。要想在考场上犯错几率小,平时就得重视自我反省,养成改错题且对错误穷追猛打的好习惯。只有你视"平常"为"考场",才能做到视"考场"为"平常"。

优秀的学生,每个科目都有自己的错题本,并对错题反复琢磨,反复练习,弄懂悟透,做到举一反三,触类旁通。

多年来,我们一直积极倡导用好纠错本,这使很多学生从中受益,但是现实中个别学生的利用程度还不够充分。望同学们抓紧行动起来,人人养成充分利用纠错本的好习惯,用心分析错误背后的原因,让成绩提升从更加重视改错开始!

8.有一种能力,是对考题的敏感

考前暴露的问题越多,胜算可能就越大。

高考题考查的知识具备充分的广度和深度,如果每天的复习都囿于熟悉的范围,"徜徉"在解题舒适区里寻找自我安慰,即使这样的复习次数再多,也不会让成绩有大幅度的提升。

在考前的短暂复习过程中,相对更有价值的复习内容还是自己的难点、疑惑点、易错点。即使考前所剩时间不多,也要有意识地暂时抛开熟题,适度研究一些自己不擅长的题目,努力补齐知识思维的短板。当然,对于那些在有限时间内无论如何都做不出或者花费很多时间得分却不高的题目,要果断放弃。

要时刻保持对题目的敏感和探究的热情。每天应兴奋在对问题的发现中,陶醉在对问题的解决中,这将助你的水平再上一层楼。

我们要告诉孩子,他们现在努力做对的每一道题,都会让他们离更好的自己更接近一步;他们取得的每一点儿进步,高考多得的每一分,都是为了让他们更接近最美好的生活。

面对困难,不要惧怕,要怀着必胜的信念战胜它,说不定正是你某天绞尽脑汁攻克的那道新题,在高考成绩上助了你一臂之力。从这种意义上说,考前暴露的问题越多,你的胜算可能就

越大。所以,不必沮丧,不要徘徊,我们要越挫越勇,屡败屡战!相信终有一天,经历了千锤百炼的你一定能具备所向披靡的强大力量!

9.认知"痛点"与心理优势

教师要提醒学生养成预习的好习惯,其目的有两个:

一是高效利用课堂时间,提前学习过就知道自己的认知"痛点"在哪里。当老师讲到"痛点"时,自然就容易集中注意力,也更容易听得明白,课堂利用效率就会高出很多。

二是获得心理上的优势。预习能帮我们获得一种"一览众山小"的心理优势,从而获得自信,也能使学习成绩节节拔高。

所以,同学们别拿预习不当学问,一旦具备了良好的预习习惯,我们就有了先发优势,就有了领先别人的资本。

10.困难,没有想象的那么大

今天和大家分享一个小故事。

农田里横卧着一块大石头,已经多年了,它碰断了老农的好几把犁头,但老农一直觉得它太大,埋得太深,就没有移走它的念头。在又一把犁头被碰坏后,老农终于下决心铲除它。他找来撬棍伸进巨石底下,却惊讶地发现石头在地下埋的并没有想象的那么深,他稍一用力就把石头撬了起来。老农脑海里闪过多年来被巨石困扰的情景,禁不住一脸的苦笑。

小故事,大道理!许多孩子有做事拖拉的毛病,事实上这并不是性格使然,往往只是习惯问题。

要让孩子养成"有问题要坚定信心,立即处理,决不拖延"的习惯。不仅是孩子,成年人更应该有这样的思维与行为方式。

11.养成定目标的好习惯

新学期正式开始,我特别想说的一句话是:"好的开端是成功的一半。"在此提醒每个同学一定要做好以下准备:

首先,都建立一个错题本,并建立一个好题本;

其次,在学习新课之前一定先预习,以便做到有重点地听课,而且做作业时要先复习,最好限时训练;

再次,要制订自己的计划,长计划,短安排,也就是在制订一个较长期目标的同时,一定要制订一个短期学习目标。当然,这个目标要切合自己的实际,通过努力是完全可以实现的。

最后,也是最重要的一点——要能管住自己,管住了自己也就挡住了各种学习上的负面干扰。

如此,小目标才更容易实现,进而那个大目标也才更易触手可及,这就是"千里之行,始于足下"的道理。

12.错题本运用的好习惯

使用错题本时,不仅要把错题认认真真整理下来,还需要注意以下几点:

(1)定期往回翻阅查看,以便巩固复习,防止遗忘;

(2)要"欣赏"错题,把错题当新题反复做;

(3)也可以和其他同学交流错题,相互借力,彼此学习;

(4)错题不能只加不减,已经掌握的内容就要及时删减。

总之,错题本要坚持整理,新的错题及时收录,并反复翻阅,对于已经掌握的题要及时"移出",这样才能达到使用错题本查漏补缺的目的。

信心语谭

13. 如何走出"会而不对"的怪圈

每当考完试后,经常听见有同学这样说:我这次考试中做错的题目好多都会做,仅仅是因为粗心才错的。在这里,我想谈一谈我的观点:粗心,在多数情况下是能力差、学得不扎实的表现!用市教科院李庆华院长在一次市区质量分析会上的话讲,粗心说到底就是训练得不够。所以,在多数时候,请不要认为考不好是因为粗心!请同学们务必认识到这个问题的严重性,也请家长们不要再为孩子找此借口推脱责任。

如果考试时偶尔丢个一分两分,还可以理解,但如果经常丢很多分,"会而不对",说到底,这就是学得不扎实、能力还不足。要想解决此问题,只有沉下心来,狠下功夫,注重基础,强化训练,真正将知识内化,做到举一反三,你才会在考试时游刃有余。古往今来,纵观那些在各领域取得卓越成就的"大家"们,几乎都具备细心、坚持、沉稳、专注、脚踏实地等素质和能力。

同学们,请记住:细心是一种能力!若未来你从事高精尖行业,这种细心的能力、精益求精的素质将是从业的基本要求。细致的观察、认真的习惯、缜密的思维也是未来成就大业必不可少的品质。

细心认真,从现在开始,加油吧!

14. 勿拿粗心当借口

从小学到高中,面对不理想的学习成绩,很多学生都以粗心为借口掩盖了真正的问题,导致学习成绩越来越差。粗心不是小毛病,其本质是学生对应掌握的知识没有理解透彻,以及其在意志品质和思维品质的良性发展中存在障碍。

要想真正解决粗心的问题,除了上课认真学习、理解各科知识，并且要有坚强的意志品质外，同学们还要养成好的学习习惯。如建立纠错本，将平时容易出错的"粗心错题"进行归类分析，经常不断地琢磨，然后有针对性地进行强化训练，这样，知识的学习就可由"懂"到"会"转化；再就是认真地对待平时的练习，将其当做自我诊断，在有适度紧张感的情况下，进行限时训练，提高准确率，争取做出来的答案就是对的，如此长期坚持下去，就可形成好习惯。随着失误的不断减少，理解问题、解决问题的能力自会提高，就可以避免相当一部分由于紧张而造成的失误。

希望同学们练就扎实的基本功，尽最大努力克服粗心的毛病，争取更加优异的成绩！让我们的多彩青春不留遗憾！

15. 你是否在给将来的自己"挖坑"？

做作业(包括做练习)是学习过程中的一个重要环节，只有高质量地完成作业，才能及时巩固当天所学知识，加深对知识的理解并灵活运用。"伤其十指不如断其一指"，深入思考且用心、投入地完成一套试卷，比"走马观花"地完成十套要有效得多。

同学们一定要坚持认真做作业，久而久之，就会养成严谨仔细、理性探究的习惯，真正的复杂问题面前就会更加得心应手，未来你的人生也会因此受益。

切记：你现在偷的懒，都是给自己未来挖的"坑"。

愿每位同学不放松自己，不给自己借口，不被惰性左右，认真对待每一份作业，从认真纠错开始，坚持不懈，最终实现自己的梦想！

16. 强"三心"，除粗心

每当考试结束，总有同学跟老师反映，说试卷上不少题都会做，只是因为粗心而审错了题或者选错了答案。

实际上，错误的答案可能多种多样，且找出有针对性的解决方法并非难事：做题时没有思路，可问老师问同学，也可以从经典例题中学习、借鉴答题方法；没有记住知识点，需要日后多抽出时间进行识记；有些知识没有理解透彻而导致混淆或者遗忘，那就需要以后多多探究，找出理清问题的关键点；还可能是平时训练不够，以后要重视作业和练习，适当增加训练量等等。

差之毫厘，谬以千里。粗心的确是种坏习惯，但它并不可怕，每一个人经过努力，都可以改掉它。当然，这需要我们自己树立强大的信心，下定决心，有始终如一、持久坚持的耐心。只要信心、决心、耐心"三心"结合，不断砥砺、磨练自己，慢慢地你就会惊喜地发现，粗心的"毛病"已经渐行渐远。

愿每个同学都能有信心、决心、耐心，摒弃粗心，用积极阳光的心态对待学习和生活，那样我们更容易实现人生的最大价值，享受到人生更多的美好与成功。

17.不怕"为时已晚"，就怕"止步不前"

只要你敢于尝试，愿意做一件事，何时开始都恰逢其时。我们已经错过了昨天的日子，就不要让明天的自己再悔恨今天的犹豫不决，也不要等到将来的某一天回首过往时，才后悔自己最初的理想始终只是幻想。

亲爱的同学们，好成绩的取得，绝不是一日之功，这需要持之以恒地努力。任何时候开始学习都不会"为时已晚"，就怕我们面对光阴的流逝"止步不前"。过去的已经过去，新一年的美好时光等待你去充实。

"风好正是扬帆时"，希望你从现在开始"不待扬鞭自奋蹄"。

18.养成三个习惯,可破学习困局

要想学习好,除了需要勤奋、专注、坚持不懈等优秀品质外,还需要有效、科学的方法和良好的学习习惯,如此才能事半功倍。在此,重点提醒同学们三个学习好习惯:

第一,记笔记。准备好课堂笔记本,课堂上尽量做到边听边记重点,记多少算多少,千万不要为了记笔记而错过老师的讲课内容,可以自己创造速记符号,课下或者自习课上再补充完整,平时也要养成勤摘抄、勤记录的习惯。

第二,改错题。准备好错题本,平时注意整理错题,错误的地方用红笔圈点,彻底弄明白错的原因,及时反思总结,宁要清晰的错误,不要模糊的明白。

第三,剖析试卷。平日考试测验是一种自我检验,不要过分看重分数、名次,重在反馈订正,可以用不同色的笔重点标记,并且,要按学科整存试卷以供随时复习。

19.让学生高效听课的四个习惯

课堂听讲是学习中最关键的环节。一堂课45分钟,授课内容是老师认真准备的,所以,学生必须充分相信老师,养成认真听讲的好习惯,才能事半功倍。

(1)紧跟老师的思路。为了提高课堂上的听课效率,学生要密切关注老师在课堂上的一举一动、一言一行,还要注意老师说话的节奏和语调,更要牢记板书内容,从而更好地把握重点和难点。

(2)积极参与到课堂活动中。在听课过程中,要积极地回答问题,跟着老师一起总结出内容要点或解题思路,一旦有错误,

老师会及时纠正,这样不仅能防止自己走神,还会活跃思维,从而更加扎实地掌握知识。

(3)课堂疑问及时标注,课后及时请教老师。在听讲的过程中,如果有听不懂的,要先标注出来,等到下课再问老师,切不可脱离课堂自己埋头钻研,更不可抛开老师的授课,长时间跟同桌讨论,影响自己和他人听课。

(4)课后及时巩固,做作业前要先复习。为了更系统地掌握知识,在每天做作业之前,要坚持先看笔记,复习课堂上学到的内容,没听懂的要进一步钻研,直到彻底弄懂,没记住的要进一步巩固,直到记扎实,然后再做作业,通过做作业进一步明确各个知识点的考查形式,做到举一反三。

20."温故知新"是假期中一种常规而有效的学习方式

暑假是一个不可或缺的学习阶段,更是一次不可多得的成长机会。假期时间比较长,"温故"和"知新"是非常必要的。在过去的一个学年里,学习的内容相当丰富,而在正常的学习时间里又难以进行及时梳理和巩固,这就需要同学们在暑假期间进行记忆性"温故"、整理性"温故"和深化性"温故"。

"温故"可以作业为抓手,在用心做好各科作业的过程中,复习、整理各类知识点,查漏补缺,又可以深入理解,拓展延伸,强化优势学科,为以后大学专业课的学习做好充分的准备。"知新"既指在"温故"的过程中有所发现,有所发展,也指在"已知"的基础上,探究"未知",学习新知识,预习新课程,为新学年的学习打下坚实的基础。

如果说"温故知新"是知识掌握的重要途径,那么暑假学习则是阶段性学习之间的重要桥梁。假期里,肆意让大把光阴白白流失，既是对青春的亵渎，也是对生命的荒废。要合理规划，有劳有逸，切不可"马放南山""刀枪入库"。

　　对任何一位同学来说，假期里要想提高学习成绩和各种能力，基本底线是主动积极、认真、用心且保质保量完成老师布置的各科作业。另外，在学习文化课之余，同学们可以多多参加社会实践活动，锻炼自己，回馈社会；也可以发展兴趣，培养特长，丰富精神世界，培养优良品格，提高综合素养，让自己的假期生活更加多姿多彩，也为成为新时代所需的新型人才做好准备。

信心语谭

三、用高贵的品德绽放独特的气质之花
——让自己成为不可替代的那一个

> 优秀是一种教养,是良好的品性和素养的结晶,必将利人,利己,利家国。
>
> 有利于人际关系和谐的"素养",归结起来包括:赞美,幽默,微笑,尊重,礼让,随和,包容,宽恕,体谅,同情,忠诚和倾听等。

1.秉善持诚,给命运升级

世界上无价的东西不多,真诚和善良却一定位列其中。真诚和善良是伪装不了的,哪怕装得了一时也装不了一世。如果在别人需要帮助时,特别是在别人不知情的情况下,毫不犹豫地伸出援手甚至做出牺牲,那就是一种无价的人格力量,若日积月累,会升级你和家庭的格局。我们没有理由不与这样的人合作,这样的人也没有理由不获得成功!

2.有教养的孩子最美丽

穷养,富养,不如教养,要注意培养孩子的良好习惯。

优秀是一个过程,让孩子从一点一滴做起,如,教导孩子见人微笑问好。

微笑是最美好的表情,每一个孩子都应该学会微笑,大大方方地打一声招呼,给别人留下美好的印象。再如:告诉孩子不要背后说人坏话,不负责任地议论是非,即使让你觉得某人有难以理解的地方,也要尊重别人的不同。

知书达理,德行天下。教养是最好的通行证,有教养的孩子最美丽。

3.微笑是永不凋谢的花

微笑,是开在人们脸上的一朵花,时时散发着芬芳。它不分四季,不分南北,只要有人的地方就会开放,越是纯洁的心灵,越因其而美。

一定要注意培养孩子微笑着主动打招呼的习惯,那是一个人美好修养的体现。微笑是不分文化、种族或宗教的,它是国际通用的、每个人都能理解的表情语言。

你对别人微笑,别人也会对你微笑。微笑虽然是瞬间的情感表达,但留给人的美好印记却是持久的。

礼貌问候,经常微笑,必终生受益!

4. 真诚地微笑与问候,让你自带光芒

遇人微笑,见人问好,举手投足间展现出的是人平和善良的内心,积极向上的态度以及谦虚宽广的胸怀。这既是一种良好的修养与品格,又是一种值得点赞的生活哲学。

同学们,见到师长、朋友等要发自内心地微笑,真心地问候,这将会让你的人生更加美好。

无论走到哪里,讲礼仪,懂礼貌会让一个人自带光芒,自然备受瞩目,备受欢迎,更容易遇到成功的机会,也能更顺利地打开成功的大门。

5. 怒目相向,还是微笑面对?

心灵短片《微笑的力量》告诉我们:生活中摩擦必不可少,要微笑面对。当你被撞掉了文件,被人抢了车位,被泼了一身咖啡……现实生活中,若遇到这样的情况,是选择怒目相向,还是选择微笑面对?相逢一笑泯恩仇,我相信,微笑的力量在任何时空都直抵心灵。

三毛说:"我笑,便面如春花,定是能感动人的,任他是谁。"今天,你笑了吗?

6.《诫子书》——超越时空的教育智慧

《诫子书》包含着时年54岁的诸葛亮教给儿子的道理,今日读来,依然让人受益匪浅。

诸葛亮曾经给儿子写过一封信,全文仅仅八十六个字,但言简意赅,微言大义,读来使人如沐春风,醍醐灌顶。它不仅能增强我们工作学习的能力,更重要的是可以帮助我们提升人生境界。

诸葛亮给儿子诸葛瞻的信:夫君子之行,静以修身,俭以养

德;非澹泊无以明志,非宁静无以致远。夫学须静也,才须学也;非学无以广才,非志无以成学。淫慢则不能励精,险躁则不能冶性。年与时驰,意与岁去,遂成枯落,多不接世。悲守穷庐,将复何及!

真正的智慧,可以穿越时空,历久弥新。在节奏日益加快的今天,我们最缺乏的就是沉下心来品评古训的淡定与从容。

今天,我们一起品读诸葛亮的这封家信,可以从以下几个方面,去开拓提升自我的空间:

(1)要心灵宁静;
(2)要学会节俭;
(3)要善于学习;
(4)要树立志向;
(5)要懂得勤奋;
(6)要学会惜时。

7.体育运动与精神成长

运动不仅能够增强学生体质,能促进其智力的发展,而且有助于培养学生高尚的思想品德和坚强的意志品质。严格的体育教学和训练,又可以加强学生的组织性、纪律性,培养学生的集体主义精神。

时值学校举办运动会,在开幕式上,欣赏到各班精心准备、花样迭出、创意连连的入场式,我不禁感叹,孩子是鲜活的个体,在更广阔的平台上,他们会放射出前所未有的青春光芒。

在赛场上,看到运动员稚气未脱的脸上那坚毅的神情,不甚健壮的身上不断挥洒的汗水,我常常感动,感动孩子们的坚强与为班级争光的决心。

孩子们，只要你们主动参与，无论胜或负，我们都感谢你们为大家带来的正能量——勇敢、坚持、忍耐、拼搏、奉献的品格！

8.懂得尊重，是强者特有的力量

教育学生要学会尊重，首先从尊重自己的父母和老师做起，从尊重身边的人做起，不可对身边的人发脾气，他们是最在乎你的人，也是你最在乎的人。

不管心情如何糟糕，不管遇到什么事情，都不要轻易说伤人的话，做伤人的事。尊重是一种美德，是强者的必备力量。修养在身，尊重为先，无论是与我们朝夕相处的亲朋好友，还是茫茫人海中擦肩而过的匆匆过客，都会因我们的包容与欣赏而让这个世界更和谐、美丽！

9.没有礼貌，是既不尊重自己也不尊重别人的表现

千万不要认为讲究礼貌是个人小事而掉以轻心。一个人如果经常没有礼貌，可能会影响人际关系的和谐，给自身的生活和工作带来困扰。如果这样的人多了，必然产生不和谐的社会因素。人必自爱，而后人爱之。因此，我们平时要不断修身洁行，反躬自省。要时刻记得：尊重他人，就是尊重自己。

10.听父母和老师的教导，是尊重能力的体现

老师和父母让你好好学习，认真复习功课，认真完成作业，你没有认真做，这就是不尊重。

不感恩父母的养育，不感激老师的培养，这就是不尊重。尊重素质的缺乏，也是缺乏教养的表现。

11.节约,首先是精神力的开源节流

节约是一种健康向上的生活态度,是一种品质素养,它首先是精神力的开源节流,其次才是物质层面的意义。

节约不仅意味着物质的节俭,同时也意味着精神力、体能的珍惜。

从古至今,勤俭节约一直为世人所称颂,正如繁式化简能演绎出数学之美一样,节约也能表现出一个人的品质之美,更能间接体现出一个人的价值之大。

在科技高速发展、地球资源日益匮乏的21世纪,厉行节约是人们最应该倡导的生活方式。因此,增强学生的节约意识和促使他们养成节约的习惯也是我们立德树人的重要内容。

12.保持谦虚,才能不忘本心

虚是一种状态,惟虚之状态可以容物,惟虚之状态可以神清气明而不失理性。

谦虚,可以使人不断吸收新知识、新能量的同时,不忘持续发展、有所建树的本心。

谦虚与进步并存,骄傲和落后共生。谦虚是好人品的一个重要组成部分,无论什么时候,把自己看低一些,总是好事。谦虚好学,低调做人,高调做事,既有利于人际关系的改善,又有利于自己的进步。若具有这种品质,我们将更可能受到别人的尊敬。

13.感恩父母,是一种情的表达、爱的回馈

感恩父母,不需要信誓旦旦的豪言壮语,只需要实实在在的行动。

孩子一个感激的眼神、一个顺从的举动、一个好好学习的承

诺、一个大大的拥抱和一个报平安的电话，都可以带给父母莫大的安慰。父母的爱高尚无私，只要孩子时时处处安好，父母便可安心。

所以，请不要吝啬爱的表达，学会时时处处表达我们的爱，学会听父母的话，学会让他们安心，这是感恩父母最本真的内涵。

现在学生以学业为重，学习很辛苦，但也一定要守住做儿女、做学生的本分，对父母的问询要柔声细语，不要爱搭不理，更不要任性地将负面情绪发泄到父母或者老师身上。

学会尊重父母，理解父母的苦心。他们做的一切都是源于对子女浓得化不开的爱，源于一种希望自己最亲爱的孩子在未来比自己活得舒心的祈愿，请一定要努力珍惜！听父母的话，努力做好现在，认真学习，让父母安心！

14.哪有什么岁月静好，只是有人替你负重前行！

哪有什么岁月静好，只是有人替你负重前行！这不禁让人想起含辛茹苦的为人父母者。他们每天辛苦奔波，肩负起家庭的重任，为孩子撑起了温暖的家。

孩子蒙受着父母的恩泽，应该理解父母不易，感恩父母提供的一切，但事实却不尽然。有的孩子习惯了索取，常不思回报，过于自我，甚至将父母无微不至的关怀与叮咛定义为"唠叨"，并且常常不耐烦，这就可能使本该暖意融融的亲情沟通画上吵架的"休止符"。

儿行千里母担忧。试想，当父母的体贴被熟视无睹时，当父母的良苦用心不被理解时，当浓浓的爱意与深沉的担忧换来孩子的麻木不仁、无动于衷时，这无疑像是往父母温暖的心田里注入了冰水,令人心寒,如此一来,回报父母又从何谈起?

孩子们,要学会感恩父母,而感恩父母,首先让我们从理解沟通开始吧!

15.做人当"知世故"而不"世故",历世事而存天真

有人说看不惯别人,其实是自己修养不够。真正有修养的人懂得大千世界本就丰富多彩,姿态万千,懂得和而不同,求同存异。

请不要"天下本无事,庸人自扰之"。我们这儿看不惯,那儿也看不惯,并因之心生嫉恨、怨气,只能使自己郁闷,却不会对任何人有所影响。如果我们豁达一些,学会接纳别人的不同,那么一切也就变得和谐顺畅许多。

子曰:"见贤思齐焉,见不贤而内自省也。"人有勤奋懒惰、勇敢懦弱等不同个性和行事风格,这纯属正常。遇到比自己优秀的人,就要去向他学习;遇到德行欠缺的人,就要时刻警醒自己,这才是提升自己的正确方式。

同学们当"厚天地之大美,达万物之至理",不断提高修养,涵养心性,才可达到至高的境界。怎么去"厚",怎样才"达",是我们倾尽毕生精力要研究的课题。

16.请少一些抱怨,多一些行动

作为普通人家的孩子,抱怨出身不好,指责父母太穷,怨恨现实不公,是容易的。难的是,真正全部接受这一切后,脚踏实地,刻苦学习,在奋斗的年纪写出绝地反击的传奇:没有富裕的家庭,可以有高贵的灵魂;没有优渥的条件,可以有良好的教养;没有华丽的衣物,可以有坚韧的品质;没有精心的呵护,可以有

丰盈的内心;没有既定的好前程,可以有突破天际、改变自己的强大力量!

同学们,抱怨的尘埃会迷住人聪慧的双眼,务实的甘露能浇开收获的蓓蕾。请少一些抱怨,多一些行动!用你最真切的力量勇敢地突破现实的重围,拥抱属于你的伟岸、丰满的未来!

17. 师生情、同学情将是你一生的宝贵财富

高中三年,除了能凭借努力收获丰厚的知识,我们还将收获浓厚的师生情、同学情,这将成为我们一生宝贵的财富。

学生时代的友谊是最纯洁的,大家一定要互尊互让,真诚地去跟同学交朋友。一旦进入大学而后踏入社会后,面对各种复杂的人际关系,你会特别怀念中学时纯洁的友谊和共同奋斗的时光。

所以,一定要珍惜中学时的朋友,他们往往会是你一辈子的战友、知己。

18. 青春美好,但须防情感"漩涡"

我再次提醒同学们,在跟同学友好相处的过程中,不要过早地陷入感情的"漩涡"。青春期对异性产生朦胧的好感很正常,我们要学会正确处理,不要沉溺其中,而要将之埋藏在心底,把它当做努力学习和追求幸福生活的动力。

早熟的果实虽令人好奇,但始终缺少诱人的甜蜜与芬芳,所以同学们要理智对待,切忌因其浪费大量宝贵的精力与时间。

青春是用来奋斗和进取的,不是用来迷恋和享受的。希望同学们在花样年华里心怀美丽的人生梦想,以坚忍不拔之志去搏取未来精彩耀眼的成功。如此,将来你不仅能获得更加广阔的发展前景,更能收获幸福美满的婚姻!反之,未来的你将后悔莫及!

19.不同的人生,体现着选择的智慧

开心快乐是一生,颓废失意也是一生;努力奋斗是一生,消极抱怨也是一生;珍惜时光是一生,消磨虚度也是一生。

少抱怨,多珍惜。奋发图强,勇往直前,力争在生活中充满快乐,学业上取得好成绩,事业上取得令人瞩目的成就!

20.中国传统文化是做人的文化

要做事先做人,学会了做人,自然就能把事情做好。诚实是立身之本,也是一种美德。一个不诚实的人,既无法诚意地修身修行,也无法取信于人,更无法立足于社会。

作为学生,考试时严格遵守考纪,就是诚实;在上课时没有认真听讲,但能及时承认错误,也是诚实。作为青少年,正处于青春期,你的发展可能会遇到一些挫折,可能会有行为和思想上的一些偏差,但请你记住:无论发生什么,你诚实,谁都想和你靠近,谁都愿和你交心。你的人格比你做过的事、说过的话更重要。

21.学会为自己鼓掌

在生活中,那些目标坚定、义无反顾的跋涉者,常常能获得来自四面八方的鲜花和掌声。他人的掌声的确能带来欢欣与鼓舞,但自己内心的掌声却更能成为前行的动力,鞭策与激励自己不断超越自我。

我们要学会不断地为自己鼓掌,不断地激励自己,不断地认同自己,不断地肯定自己,带着满满正能量砥砺前行。

学会为自己鼓掌,遇到磨难时你会变得更加坚强自信;学会

为自己鼓掌,遇到名利时你会变得更加从容大度有爱心并善于换位思考!

生命中最忠实的观众永远是自己,请随时调整自己,不要吝啬掌声,在慷慨给予别人掌声的同时,也不要忘了为自己喝彩!

22.不能善解人意,你算什么好孩子?

"你看看人家的孩子……"这是很多妈妈挂在嘴边的话,杀伤力之大,不难想象。

在必须做个好孩子的压力之下,很多同学们想努力做好,可结果往往不尽如人意。

做好孩子,真的很难吗?其实不难。只要你仔细琢磨就不难发现:所有的好孩子,都是善解人意的!

善解人意,不仅是做好孩子的前提,也是未来做好工作、经营好家庭、搞好人际关系的前提!

亲爱的孩子们,在你成长道路上,作为你生命中最亲的人,父母愿意尽他们的努力,陪你一起耕耘,心甘情愿陪你一起面对困难,陪你一起分享喜悦。你为青春拼搏,父母也在为给你提供温暖的家而付出百倍辛劳,他们在社会上的辛苦打拼并不见得比你学习轻松多少,而他们自己的辛劳,从来不轻易对你说。你的父母,不希望让你因为前途而担忧,也不希望你成年以后仍因少年时期的浑浑噩噩而抱有遗憾。

愿你能做个善解人意的孩子,体会到他们发自肺腑的愿望并付诸行动。同时你要明白,读书并不是苦难,而是学习和成长的过程。只有你在矢志不渝地发奋学习后,在克服各种困苦之后,走出了迷茫,经历了成长,生活才会为你打开幸福的大门,而这便是所有父母一生的心愿。

23.因势而谋,应势而动

面对新环境、新机遇,只有及时突破成规,勇于接受新的挑战,才会有海阔天高的新体验;具有高瞻远瞩的顺势而为才是成熟的表现,也会成就人生的丰厚积淀。

因势而谋,应势而动,才能不断拓展新的天地。学校是我家,人人都爱她。愿同学们时刻发扬主人翁精神,主动跟上时代发展的脚步,适应学校的教学与生活环境,在全新的、优雅的环境里努力修炼自己,成就自己。如此,你就是学校光华里那束最闪耀的光!

24、尊重与热心,积人脉资源于无形

机遇,为有准备的人而存在。那么,如何准备?除了努力学习、认真工作,积攒自己的实力之外,养成尊重别人、乐于助人的习惯,无疑是拓展人脉资源、改变命运的强大"软实力"。

当然,这种习惯的养成,必须是发自内心的、毫无功利之心驱动的,如此,才能在无形中播下幸运的种子。

有一次,美国传媒大亨默多克在华盛顿饭店办理预约手续,得到确认后,他第三天准时来到饭店,前台服务员却告诉他顾客爆满,已取消预订。默多克再三请求也不成功。

这时,另一名前台服务员走过来微笑着说:"我们饭店确实已经订满了,我对您的预订被取消深表歉意。我会尽快想办法在附近同样等级的酒店为您订一个房间。您现在只需在我们的餐厅等待,我们为您免费提供了一份商务大餐,请您慢慢享用,一会儿我让服务员带您去餐厅。"这位热心的小姐叫玛丽,她后来成了默多克的秘书。

信心语谭

当玛丽热心地为默多克提供帮助时,她也许并不知道这就是鼎鼎大名的传媒大亨,她更不会想到自己所做的一切竟会在瞬间改变命运。

多一分热心,就会多一个机会。在日常生活中,我们要引导孩子养成热心、乐于助人的优秀品格。尊重别人、乐于助人的孩子,在人际交往方面,会拥有更多的人气与人脉、更多的机会与资源,在人生旅途中自然会获得更多的助力、快乐与幸福!

25.孝敬父母,培补生命之基

每一个人,都来自生命的源头,我们的力量根植于源头。亿万年的演化,生命终端与源头之间的连线,早化于无形。于是,就有了基于寻根文化的各种信仰与修行,也就有了旨在用力量获取的各种术法。

其实,与源头的力量连线的端口,一直在向你敞开着。不过,它已经化形为父母。父母是先祖的世间代表,父母是先祖力量的端口。不过,他们并不知道自己具有这项功能。当他们与世长辞,力量连线的神性才可能唤醒儿孙部分记忆,但往往为时已晚。

发自本心地善待父母,孝敬父母,就是在培补生命之基,就是呵护生命之源。

事死如事生。发自内心地礼敬父母,也是事业大成者共有的情怀。

不管你走多远,飞多高,父母永远是你温暖的港湾与坚强后盾。不管你年龄有多大,职位有多高,在父母眼里永远都是没有长大的孩子。人生就是一个轮回,做子女、做父母,都是人生必须经历的阶段,而且做子女的人终究要做父母。

父母从孩子出生起便盼其健康快乐,而让年迈的父母开心,幸福,健康,长寿,也理应成为儿女的最大心愿。

父母是你花心思、花时间最少却爱你最深的人。父母在,人生即有来处;父母去,人生只剩归途。奉劝还有机会做儿女的人,在面对年迈的父母时,要察其色,体其情,知其心,顺其意,让他们享受天伦之乐,让他们充实幸福,这是儿女理所应当的责任。

无奈时光太匆匆,与父母,请且行且珍惜。祝世间的父母们福寿安康,平安吉祥!

26.真爱"老班",这是你的高素质和大智慧

如果说高中生是学业压力最大的,那么班主任就是教育压力最大的。相比于普通授课教师,班主任承担的工作要繁杂得多,相应地压力也大得多。作为学生,真爱你的班主任,这是你的高素质和大智慧。

真爱意味着心疼。作为学生,你心疼你的班主任吗?班主任更在乎你的成长,除了教好自己所教学科,还要关心你的其他各门课程。每次考完试,都要认真仔细统计、分析你的所有学科的学习情况。懂得心疼班主任的学生特别好学,特别勤奋,分秒必争,分分(分数)必争,以此回报班主任。

真爱意味着体谅。作为学生,你体谅你的班主任吗?班主任在校工作时间更长,班级管理占用精力更多。为了学生,甘愿带病上课;为了学生,顾不上自己的亲人。懂得体谅班主任的学生特别懂事,他懂得班主任面对几十个学生千方百计因材施教的辛苦,遵守纪律,关心老师。如果体谅班主任,特别叛逆的学生会变得特别懂事,让班主任可以有更多的精力研究教学、跟学生交流。

信心语谭

真爱意味着理解。作为学生,你理解你的班主任吗?班主任在繁忙的工作之余,还要时常与家长保持联系,回复家长的各种咨询。懂得理解班主任的学生特别有智慧,尤其是当家长误解老师的时候,甘愿当老师的"保护神",他知道这样做班主任很欣慰,家长更欣慰。

真爱意味着尊重。作为学生,你尊重班主任的劳动和付出吗?班主任除了教学、管理、家校沟通工作之外,还承担着思想教育、学生安全、学习引导、心理疏导、生涯规划指导等各种任务。懂得尊重班主任的学生特别有修养,他不会因老师的一点疏忽就对老师有偏见,不会辜负老师的良苦用心,即使被管教委屈了一时,也会感恩一世。

其实,当班主任是良心活。因为有许多的事可做可不做;有许多的活,即使干不到位、做不细也无可厚非。班主任不辞劳苦、不计报酬地对你好,这既是因为班主任良好师德使然,也是因为你对他发自内心的尊重。

同学们,如果你是个懂得心疼、体谅、理解、尊重班主任的孩子,你就是一个懂得真爱的人、一个懂得感恩的人、一个具有大智慧的人。我敢说,你不仅学习成绩好,而且品德素养高。在这个世界上,除了父母,只有老师愿意为你的美好未来甘心付出,我们要真诚地感谢每一位老师,尤其是班主任老师!

让我们一起向班主任致敬!

四、用坚持不懈的努力赢得幸运女神的眷顾

——努力到无能为力，拼搏到感动自己

> 人生是一场未知结局的旅行，即使到了最后一刻，未成既定事实之前，都不能轻言放弃。
>
> 与其担心十年后你过得怎样，不如做好现在：每天勤勤恳恳，好好读书，努力拼搏到感动自己，坚持着坚持着，就会出现奇迹。

1. 人最大的勇气，是告别懒惰

"勤学如春起之苗，不见其增，日有所长；辍学如磨刀之石，不见其损，日有所亏。"一千多年前，陶渊明就用这充满智慧的语言警示人们勤奋与懒惰的差距，可21世纪的今天仍有大批人意

识不到懒惰的可怕。一个懒惰的人，就如一所没有墙壁的房子，堕落的恶魔随时会从任何一面肆意进入，将其无情摧毁。

　　如果说懒惰是通向平庸的滑梯，那勤奋就是迈向优秀的阶梯。勤奋与否决定着人的成败。有些同学苦学一段时间后没有进步，就失去信心，慢慢懈怠而庸碌无为，而有的同学，始终相信"勤能补拙"而永不言弃。在奋斗的征途中，任谁都会感到疲惫，但不能因为害怕疲惫而选择偷懒。我们应该始终保持这样的勇气：当全世界都在说放弃时，告诉自己再试一次！将勤奋一以贯之的人，定会看到世间绝美的风景。

2.让足够的汗水浇灌出天赋的花朵

　　每个人都有天赋，只是在方向和大小上有区别。只要有足够的信心和汗水，每个人都能让天赋开出魅力的花朵。

　　"天才除了全身心地专注于自己的目标，进行忘我地工作以外，与常人别无两样。"英国诗人琼森写下这样的诗句。虽然做诗人首先得有天赋，天赋却不等于美丽的诗篇，不用辛勤的汗水千锤百炼，即使是缪斯也写不出杰作。

　　优秀是一个过程，优秀离不开勤奋！每个人都有很大的潜能，加油！

3.警惕"低效勤奋"

　　我们常常看到很多学生学习很勤奋，可成绩却总是不甚如意，其实深层原因可能是其陷入了"低效勤奋"的泥潭。

　　"低效勤奋"的一般特征是：习惯性采取浅尝辄止、似是而非的浅表性思考，主观上却浑然不觉，因习惯已成，也就不愿深入思考。若长此以往，学生对知识的理解就会不透彻、不到位，新旧知识也无法建立链接,知识方法难以转化为学科能力,学习能力难以培养,故而做事效率、效益愈来愈低,学习速度愈发迟缓。其实学霸与学弱之间的重要差别,就在于能否对问题进行深度思考。

古人云:吾日三省吾身。为什么要多次反省自己呢?因为保持一定的频率,才能培养成习惯。养成多次反省的习惯,学习才会不断进步。

我曾提醒大家,不要陷入"低效勤奋"的泥潭,一定要学会深度思考。亲爱的同学,你静心想一想,你做到每天、每节课、每时都深度思考了吗?若没有,从现在开始,犹未为晚,让我们一起加油!

4.真理,往往就在老生常谈里

世界上最枯燥的就是大道理,但是人只有在经过磨难之后,才会发现那些大道理才是真理,比如"自律""自信心""坚持""下笨功夫"等。

在这个世界上没有人可以随随便便成功,我们唯有抛弃那些所谓的"技巧"和"捷径",在自己所处的领域深耕细耘,脚踏实地,一步一个脚印,坚持不懈,经过多年的沉潜与磨砺后才可能发现,曾经仿佛遥不可及的成功,就在我们的眼前。

5.书味深者,面自粹润

一个人最大的敌人不是别人,而是自己。你若勤快起来,有目标有远见,世界都会为你让路!一勤天下无难事,长成大木柱长天。

知识和能力是最好的化妆品,优秀的素养是最大的魅力,更

是令人难以拒绝的吸引力,任岁月也无法剥蚀!

有道是,"腹有诗书气自华","书味深者,面自粹润"。没有走心的刻苦学习,都只是做表面文章。惟持之以恒,自觉主动地读书学习,才能领悟人生,找到目标,最终成就自己。

6.不努力一钱不值

我们一起来重温下面的数学题:$(1+0.01)^{365} \approx 37.8$,$(1-0.01)^{365} \approx 0.03$。

由此可见,潜能的激发,成绩的提升,素质的培养,奇迹的创造,都需要每天努力一点点的坚持。

年轻是本钱,但不努力就不值钱。

7.潜能爆发的阈值

美国畅销书作家格拉德威尔在《异类》一书中提出定律:"人们眼中的天才之所以卓越非凡,并非天资超人一等,而是付出了持续不断的努力。1万小时的锤炼是任何人从平凡变成世界级大师的必要条件。"他将此称为"一万小时定律"。这个定律同样适用于学业攻坚,只要坚持一点点的进步、一点点的突破,就会达到一个阈值,真正释放被压抑的潜能。

8.专注就是高效

我们常常夸一个人聪明,却往往容易忽略专注、认真、勤奋等这些品质,很多时候,它们才是把事情做好的决定性因素。当然,我们在肯定勤奋的重要性时,也要避免走进另一个误区,因为真正的勤奋,不是被迫地机械性重复劳动,也不是自我感动式地摧残健康,更不是因为"拖延症"导致最后一刻的效率爆发。

真正的勤奋来自一个人的内心深处，对于那些无法获得即刻回报的事情，依然能够保持几十年如一日的热情与专注。

9.无意中，你可能选择了不同的命运

人与人之间的差异，其实很简单：你在赖床，他在锻炼；你在应付工作，他在用心干活；你在完成今天的计划，他已在策划明年的生活。现在的努力都是为了将来的不费力，现在好好努力，是为了将来毫不费力。

古人云：富不学，富不长；穷不学，穷不尽！生活的抉择，需要大智慧！要想改变口袋，先要改变脑袋！每年的高考，取得好成绩的同学，几乎都有自己远大的目标和周密的计划，积极主动，勤奋刻苦，有异于常人的毅力。他们每一分成绩的取得，都是靠背后默默地辛苦付出！学习需要持之以恒，一以贯之。高中三年，希望每一个同学都用心用力，认真思考怎样才能更好地发展和成长，时刻都不放松对自己的要求，真正无悔于自己的青春！

10.与其郁闷沉迷，不如发愤图强

要着眼于当下的每一分每一秒，不要沉迷于玩乐，更不要沉溺于不如别人优秀的痛苦中。成功是一个由量变到质变的过程，只有足够的量变才会引起质变，而沉溺于痛苦中是不会改变哪怕一丁点儿现实的！所以，请不要把最宝贵的时光，浪费在沉溺与虚度中。

学习如逆水行舟，不进则退。当你停下休息时，不要忘了别人还在奔跑。加油吧，同学们！学习贵在持之以恒，设法把上课的时间利用好，绝对有事半功倍的效果。在这激情燃烧的岁月里，尽情挥洒你们的汗水，扮靓你们的青春吧！

11.珍惜你迈出的每一步

央视著名主持人董卿曾说过:"人生路上每一步都算数,你付出的每一点都有意义!"希望我们的每一个学生,都能一步一个脚印,认认真真、扎扎实实、持之以恒地学习,在奋斗中获得自信,在与困难的斗争中得到锻炼,在磨练中收获成长,在不久的未来遇见最好的自己!

12.沉下去,万念归一见真功

学习如同挖井,若没成功,不是因井里没水,而是因挖得不够深!因此,无论干什么事,都要深下去,沉到底,不要浮在表面上。干任何事,都贵在用心坚持,要"点上打井",细掘深抠,而不要"漫山挖坑",浅尝辄止。

面对学习上的差距,有的人选择自怨自艾,沉迷堕落,可有的人选择认清现实,奋起直追。要想缩小差距,要想假期内"弯道超车",唯一的办法就是努力。除了努力,别无选择!当然,即使努力了没成功,也不能轻言放弃!

坚持加努力才可能成功,此乃天道。

愿同学们明理通达,笃志勤苦,坚恒有毅,仁心博学,风华盖世!

13.靠勤奋打通"天赋"到"天才"的屏障

天赋人人有,天才古今稀。绝大多数人天赋的最终消失,是因为没有坚持用好"勤奋"的武器。

古今中外,大凡有大成就者,未必天资过人,但必勤奋不辍。古人说:"勤能补拙是良训,一分辛苦一分才。"没有人能仅靠天赋而成功,只有勤奋才能将具有天赋的人打造成天才,将天赋一般的人打造成人才!

同学们,我之所以反复强调要刻苦,要勤奋,是因为勤奋与刻苦实在是太重要了:伟大的成功和辛勤的劳动是成正比的,有一分劳动就有一分收获,没有劳动必无收获。

《中庸》有言:"人一能之己百之,人十能之己千之。"简言之,要想取得超越他人的成就,就要付出超越他人十倍乃至百倍的勤苦。

以上所言,恳望大家牢记!愿同学们人人信心满满,个个勤奋刻苦,最终走上辉煌的道路!

14.阶段不同,使命各异,做好你该做的事

在求学时期,学习知识,掌握能力,为以后的人生成长、获取成就奠基,就是学生本阶段最重要的使命。

成龙——一位家喻户晓的演员,从最初的"跑龙套"到现在的"中国名片",他成功的秘诀只是比别人更能"拼"。为了演好每一个动作,他一次次练习摔打,身上骨折过多次,做过多次手术,一路磕磕绊绊艰难走来,才有了今天的成就。

同学们,无论你在哪个年级,现在是什么样的成绩,只要你肯努力肯拼搏,勇于面对一次次失败和挫折,尽力实现自己的最大价值,对得起家人和老师,对得起国家和民族,你就是一个非常了不起的人!

同学们,要想站在成功的巅峰之上,从此刻起,你们必须要学会取舍,学会付出,学会忍耐,学会坚持!这不仅仅是学习的需要,也是人生的一种修炼!

信心语谭

15. 成功者的光鲜背后，是不为人知的辛苦打拼

优秀学生的父母，都说自己不怎么管孩子的学习，每次考试优秀的同学，看起来好像也经常玩耍。其实，父母对孩子的管教，他们不会出来说，优秀者默默拼搏的时候，他也不会炫耀。而成绩较差又厌倦了奋斗、缺乏打拼勇气的人，看到的往往是他们的轻松与淡然，而他们异于常人的努力经常被选择性地忽视了。

在社会上，很多时候，我们总觉得有些人的成功过于容易。其实，他们大多数人都与我们一样，很少有人一开始就拥有得天独厚的条件，成绩都是耗费心力与精力一点点做出来的。

16. 你勤奋与自律的程度，决定着你人生的高度

成功之路没有捷径可走，也不总是顺畅平坦，任何人都会遇到挫折与坎坷。而挫折与坎坷里面蕴藏着宝贵的成长契机，潜伏着推动一个人前进的无穷力量，但这种契机和力量不会呈现给所有的人，它最青睐时刻保持自律的强者。

越自律的人越不惧怕失败。他们会把挫折当成生命的一种馈赠，正确认识，深度剖析，在挫折中历练自我，从失败中汲取教训，扫清前进路上的障碍。

越自律的人越明白自己真正想要的是什么。当他们知道自己想要去哪儿并且全力以赴奔跑的时候，会在战胜挫折的过程中享受到更多的快乐与巨大的成就感。

越自律的人越懂得珍惜时间。他们不会把时间和精力白白浪费在无意义的事情上，面对挫折不会一味消极抱怨，而是切实把碎片化时间都充分利用起来，成就自己。

越是自律的人身上越是蕴藏着无限的潜能。他们凭借强大的毅力、果敢的执行力，攻克一个个困难，闯过一次次险关，坚定地朝着理想一步步迈进。

自律的程度,决定着人生的高度。

很多时候,人不是优秀了才自律,而是只有自律了,才会变得更优秀。尤其在失败与挫折面前,一无所惧,勇往直前,更能品尝到战胜自我、超越自我的充实与幸福。

同学们,请相信:越自律,越幸运! 越自律,越优秀!

17.扎实的学科功底,是成功的本钱,也是学者的荣耀

最近大家一直在热议诺贝尔奖。在世界范围内,"诺奖"通常被认为是所评价的领域内最重要的奖项,每当获奖名单揭晓时,获奖者一定会"一奖成名天下闻",而他们所在的国家也备受瞩目。但是荣耀的背后,每位获奖者付出了多少心血,大家应该想到。哪位"诺奖"获得者不是从小就爱学习?哪位"诺奖"获得者没有几十年如一日的勤奋与刻苦?

现在是崇尚科学、尊重知识的年代。这个时代,你不努力,连做粒"漂浮的尘埃"都没资格。

科学的大道上没有坦途,求知的路途上刻满拼搏。"诺奖"获得者丁肇中,以优异的成绩完成了初中的课程,高中毕业时,他的数理化三门功课均为满分,这为他日后的研究打下了坚实的理科基础。当然,在不屈不挠的科学探索中,他也饱尝了失败的滋味,但正是他早期的刻苦努力构筑了攀登物理高峰的坚实阶梯,因此,他能最终把那颗耀眼的"明珠"摘下来。

18.再小的努力,乘以365都很明显

不积跬步,无以至千里;不积小流,无以成江海。优秀从来不是一蹴而就的,它是日积月累的结果。人之所以成功,在于勤奋,

信心语谭

在于坚持。

鲁迅曾说过,哪里有天才?他是把别人喝咖啡的时间都用在了工作上。无论是谁,要取得好成绩,勤学苦练是必不可少的,学习和工作都是如此。如果把必要的刻苦都丢掉了,那可就真走偏了。我们要告诉学生,再小的努力,乘以365都很明显。

19.抛弃时间的人,必将被时间抛弃

"盛年不重来,一日难再晨,及时当勉励,岁月不待人。"不知不觉,新学年的光阴就要流走一半了。在这期间,你们有拼搏,有收获,甚至也有过懈怠,有过挫折,但是你们一直在向着美好的明天阔步迈进,我不禁要为你们这种积极进取与坚韧不拔的精神点赞!

每当走在安静的教学楼里,看到大部分同学为了自己的理想摒除杂念,专注投入,我常常为同学们的努力而感动甚至自豪。自助者天助也!努力奋进的孩子们,你们有理由取得自己想要的成功!

但在这些和谐的"旋律"之外,我也发现了个别不和谐的"音符":有的同学仍有不少私心杂念,不能把全部的精力投入到学习中,宝贵的时间无情地流逝,他们却鲜有收获,这真是让人非常痛心!

所以,在此提醒同学们:如果现在高一的你还处于适应新环境的散漫阶段,高二的你也处于慵慵懒懒的状态,那么高三的你将会过的很难!抛弃时间的人,时间也一定抛弃他。花有重开日,人无再少年。无论每一分每一秒,都是你自己的,宝贵的生命被尽情挥霍后,你有没有感到空虚和落寞?

加油吧,孩子们!节约时间,提高效率,每天满怀斗志,激情昂扬,我们的未来才能骄阳满照,辉彻九霄!

20.比较的心态与智慧

宋代诗人卢梅坡有诗云:"梅须逊雪三分白,雪却输梅一段香。"这首诗告诉我们一个道理:人各有所长,也各有所短,正确的比较可以促人奋进。取人之长,补己之短,才是正理。

比较是一种心态。若和自己的过去比,看到的可能是进步;若和别人比,看到的可能是差距。进步面前不沾沾自喜,差距面前不灰心丧气,以平和心态理性分析彼此差距,才能比出自信,比出进步。

比较也是一种智慧。就拿学生的学习来讲,不能仅仅比成绩,比名次,还要比学习方法,比学习毅力,比学习效率!只有抓住提升成绩的核心要素来比,我们才能比出效果,比出动力。

四中学子们,经过信心文化的熏陶,相信你们人人都有自信的因子。愿你们把自信的种子播撒到心田,牢记"六比六不比"的内涵(不比条件比干劲,不比阔气比志气,不比基础比进步,不比聪明比勤奋,不比外表比内涵,不比运气比毅力),并积极付诸行动,努力成为内心强大的人。信心教育会让你勇毅,沉着,果敢,帮你战胜学习和生活中的任何困难,拥有真正的自信与成功!

21.山高人为峰

"山至高处人为峰。"不管山有多高,一个人只有肯攀登,才能达到"登东山而小鲁,登泰山而小天下"的境界。

自古以来,无数成功人士为了达到"人为峰"的境界,信心百倍,毅力超凡,奋勇拼搏。攀登的过程虽然非常辛苦,但在险峰处常可看到无限风光。可以说,信心和毅力帮助他们征服了一座又

信心语谭

一座人生高峰。

而缺乏理想的普通人,在攀登"高山"的时候,不能全力以赴,不能坚持不懈,信心不足,一遇到困难就停止不前。结果,他们人生的辉煌常常结束于离山顶不远的地方。

学习正如登山,只有确立远大目标,坚持不懈,全力以赴,辛苦攀登,才可能攻克学习难关,让梦想变成现实,从而登上辉煌的人生高峰。

愿同学们不断培植自己的信心与毅力,认准山顶的方向,不畏艰险,勇敢攀登,去成功领略人生巅峰的无限风光。

22.说说假勤奋——写给看上去很努力的同学们

如果把人生当成一座金矿,那人生目标就是矿里闪光的金子,勤奋便是那开矿的风镐。带着勤奋开拓前行,才能挖到理想的矿藏。

在学习过程中,许多同学虽然知道勤奋的重要性,看上去也很勤奋,但是成绩却不理想,这多半是由于"假勤奋"造成的。

所谓"假勤奋"就是看上去很努力,看上去也做作业,也听课,甚至也常提问,但是一切都没有用心去做,没有任何效率!只是表面让别人感觉他很努力,但实际上学习时仅仅是蜻蜓点水,浮于表面。

"假勤奋"的主要表现是:不善于动脑把知识弄清弄透,而是囫囵吞枣地学习;不善于寻找适合自己的方法抓住重点,而是简单肤浅地重复学习;不善于改正错题,而是片面追求做题的数量;不善于劳逸结合,而是疲劳式学习;不善于主动合理安排、规划时间和学习内容,而是被动地为了学习而学习。

"假勤奋"的学生在很大程度上被时间追着跑,而不是自己合理地应用时间,因此学习效率往往较低。"假勤奋"其实是思维的一种真懒惰,我们要追求高质量的勤奋,高质量的勤奋是一种全身心投入的积极状态,而不是"时间+精力"的简单组合。

一路汗水一路歌,一份拼搏一分甜。让我们拒绝思维的懒惰,做一名高质量的勤奋者。用一日勤奋,换得榻上安眠;用一生勤奋,换得精彩无限。

23.行动者最美丽

《周易》有言:"天行健,君子以自强不息;地势坤,君子以厚德载物。"

"天行健,君子以自强不息"的意思为:君子应该像天体一样运行不息。如果你是君子,度量要像大地一样,没有任何东西不能包容,应该以坚强的意志、不屈不挠的精神使自己变得更优秀,更强大。而"地势坤,君子以厚德载物"意思是说:君子应该心胸宽广,包容万物,像大地一样承载万事万物而无怨言。

同学们,真实的行动者最美丽,请追随梦想,成为无愧于传统文化滋养的新一代吧!

24.好运气,不过是厚积之后的薄发

"你必须非常努力,才能看起来毫不费力。"厚积才会薄发,世人所谓的好运气,不过是不为人知、持之以恒的努力造就的。

竹子破土后节节拔高,是因为前期在泥土里积蓄了很大力量;蛹想破茧成为美丽的蝴蝶,也要经历漫长的自缚期,并努力穿破阻碍;水想滴穿石头,也是靠夜以继日连续不断地累积。

成功的人与不成功的人最大区别就在于:不成功的人,行动只是想想,一想就放弃;而成功的人,放弃只是想想,行动一直在坚持。总有人认为努力不一定成功，但是，成功绝对离不开努力。

美好的人生离不开努力，努力不是为了感动谁，而是只为不与最好的自己失之交臂，因此我们要趁着最美好的年华努力拼搏！

25.具备两大"特点"，你将与众不同

一个人若有这两个特点——伟大的志向与刻苦的精神，那么他就会与众不同。

"吃得苦中苦，方为人上人"，这句老话永不过时。如果没有天资或其他外在的资本，那么能吃苦将是最大的资本。因为，做事肯吃苦是弥补与别人差距最快的方法。若遇到能吃苦的人，千万要尊敬他，他的潜力没有上限，早晚会成为人杰。

朋友们，如果你正在为未来而迷茫，为郁郁不得志而苦闷，不妨从今天做起。只要立志开始奋斗，任何时候都不算晚！

比别人更刻苦，比别人更努力，你就能踏上比别人更辉煌的理想坦途。

26.学如逆水行舟，心似平原跑马

"学如逆水行舟，不进则退。心似平原跑马，易放难收。"这是一副通过比喻劝谏人们用心学习的对联，出自民间谚语集《增广贤文》。

上联着重强调学习要克服困难，迎难而上。大意是：学习就像逆流而行的船只，不努力前进的话就只能顺着水后退。在学习的道路上，每行进一步，漩涡急流，险滩阻遏，考验你的体能，考验你的勇气，考验你的智慧。进一步希望在前，退一步一泻千里。

为山九仞,功亏一篑,实属可惜。行百里者半九十,一百里的路程,走到九十里尚算一半,所以,百尺竿头仍需进步。在胜利面前如果却步,往往只会拥抱失败;在困难面前如果坚持,却常常会获得意想不到的成功。

下联大意是:心就像一马平川上奔跑的马,放开容易,收回来就难了。着重强调学习要克服惰性,一心向学。人人都有懒惰的因子,自我约束力与环境的影响是克服惰性的主客观条件。学习面前不能太放任自己,一旦放纵自己去玩或者懒惰,再想收回心来努力学习就很费力了。收心很难,如果再觉悟太晚,就更无力回天了。

27.人生很贵,请别浪费

从教四十年,我教过不少学生。每当遇见年少轻狂的,就总想给他们一些告诫,哪怕仅有一句话能让他们真正用心体悟并且用心实践,我心里都会倍感欣慰!

孩子们,面对繁重的学业,我们并不要求你鞠躬尽瘁,但是希望你全力以赴;也并不要求你透支生命,但是希望你尽心尽力。

全力以赴也许并不能让你的未来无忧无虑,但至少会让你将来有更多的选择,让你的明天无怨无悔!因为,真的,人生很贵,请别浪费!

28.以学识撑大格局,凭拼搏不负此生

刚刚看到一段文字,说的是"读书学习与不读书学习的人差别在哪里"。我认为,其差别判若云泥!因为学识影响眼界,眼界决定格局,而格局影响人的一生!

信心语谭

我们最怕的是学生在求学生涯中认识不到读书学习的重要性,看不到"平凡"和"平庸"之间的天差地别。所以,要充分认识到知识的巨大作用,学习一定要刻苦,不吝付出。不主动学习甚至不学习会逐渐拉开与别人的差距,长此以往,等到差距大到无法弥补的时候,就追悔莫及了。

从另一方面讲,世事多磨难,如果连读书的苦都吃不了,日后面对着更多困难和坎坷时,恐怕也无力应对。

劝君莫惜金缕衣,劝君惜取少年时。希望同学们珍惜青春年少的大好时光,好好读书,将来能过不负此生的美好生活!

29.不忘初心的人,才可能真正卓越

优秀和平庸的差距,往往在于一种态度、一种行动、一种精神。有些同学苦学一段时间后没有进步,就失去了信心,而有的同学,始终相信勤能补拙,永不言弃。

学习之路没有捷径可走,同学们千万不要存有侥幸心理,认为自己的优势一定能弥补弱势,无论中考还是高考,弱势势必会影响你的总成绩。所以同学们一定要充分发挥自己的优势,努力补齐自己的短板,提升自己的人生格局!

30.你也需要有自己的长征

"红军不怕远征难,万水千山只等闲",此诗出自毛泽东的《七律·长征》。

二万五千里长征是红军创造的一个人间奇迹。从1934年10月第五次反围剿失败后,中央主力红军为摆脱国民党军队的包围追击,退出中央根据地进行长征。在完全没有后勤补给、主要靠吃野菜和树皮的情况下,红军翻越山脉18座(其中5座终年

被积雪覆盖），跨越大河24条，还穿过长达500里的大草地。而且这二万五千里是一路打过去的，平均每天就会发生一次遭遇战，每个战士平均走365华里才有一次休息的机会。长征的难度可想而知，而这些困难都被红军一一克服了。

长征虽然已经过去80多个春秋，然而长征精神历久弥新：信念坚定，理想远大；乐于吃苦，不惧艰难；百折不挠，自强不息。有了这样的精神，我们才能从容地面对困难，乐观地克服困难；有了这样的精神，我们才能以不怕吃苦的姿态、蓬勃向上的风貌、自信豪迈的激情，焕发无坚不摧的力量。

凡成大业者，都需要有自己的长征！

对于中学生的成长与学习来说，我们尤其需要拿出"红军不怕远征难"的豪迈气概，努力发扬长征精神。只要坚定理想信念，不怕吃苦，百折不挠，顽强拼搏，人生旅途上，逶迤五岭不过是一簇细浪，磅礴乌蒙不过是一只泥丸。

苦不苦，想想长征二万五！握一份自信在手，试问有什么困难不能克服？

31.有一种力量叫"女排精神"

国庆70周年阅兵典礼上，群众游行花车上的女排姑娘们令人瞩目。此前结束的2019年女排世界杯比赛中，中国女排不负众望，以十一战全胜的傲人战绩卫冕冠军，第十次荣膺世界排球"三大赛"冠军，为祖国七十华诞献上了一份厚重的大礼。习近平总书记的亲切会见，更是让中国女排队员、教练员们倍感振奋，亿万人民深受鼓舞。

为了不负使命不负重托，让中国女排重新续写辉煌，郎平教练带领女排姑娘不畏强手，敢打敢拼，谱写了一曲曲胜利的凯

信心语谭

歌,也再一次诠释了"女排精神"的深刻内涵。什么是女排精神?郎平教练说:"女排精神不是赢得冠军,而是有时候知道不会赢,也竭尽全力。"女排精神是祖国至上、团结协作、顽强拼搏、永不言败、勇攀高峰的精神面貌。这种精神,给予中国人民巨大的鼓舞,被强烈地升华为民族面貌的代名词。

"人生不是一定会赢,而是要努力去赢。"愿每一个同学向女排姑娘学习,对自己的潜能坚信不疑,怀着为国争光的豪迈气概,以无所畏惧的勇气、绝不放弃的霸气、努力去赢的信心,成就属于你的幸福未来,书写属于你的人生华章!

五、用信心教育备战高考经验选粹

——有志者自有千方百计,无志者只感千难万难

> 亲爱的同学们,高考大幕即将揭开,冲锋的号角已经吹响,请把所有的烦恼与担忧抛给昨天。面对挑战,无论结果如何,都请你满怀信心,全身心地投入,向着自己青春的理想冲刺。请背上行囊,坚定远方,不再逃避也不要犹豫,这一路的坎坷荆棘已无需畏惧,相信挑灯夜战的坚持和持之以恒的付出必将换来梦想的果实。
>
> 最美金秋,理想的大学,等着你!

决战高考之上计(一)

——坚定信心,战胜自我

又是一年高考到,信心百倍传捷报。

高三的同学们,不管现在学习成绩如何,你都要相信自己还

有很大的潜能。人在关键时刻迸发的潜能是惊人的，只要你沉着冷静，科学应对，坚定信心。

自信是开启成功之门的密钥。缺乏信心的人，就像跌入幽暗深谷，满目充斥着阴翳与灰暗。拥有自信，我们就得到了调动身心系统的"魔法指挥棒"，拥有随时创造奇迹的可能。"相信自己"是对自己最高的认可，是助我们超越世俗、开创辉煌的强大信念！

很多优秀生高考失利，不是输在知识能力上，而是败在缺乏信心上。考试临近，我们要信心百倍，勇敢面对一切，让自己始终精神饱满、斗志昂扬。如何达到这种状态呢？我送给大家两把金钥匙。

第一把：自我认知增信心。考前可把自己担忧的问题逐一列出，把不利于考试的大脑"程序"统统删除，比如认为自己能力差、脑子笨等过分夸大缺点、忽视优点的定势思维，过度焦虑、急躁的心理倾向，认为自己准备不充分、肯定考不上大学等不自信的观念等。

平常学会对自己的优势和劣势做乐观、积极的分析，相信自己就是一座"金矿"，对于自己的缺点和不足不要再自我责备，要多想想自己的长处和潜力，多发掘自身优点，这样就会形成自我暗示，助自己以良好的心态迎接考试。

第二把：自我激励强信心。可充分利用暗示语句的正向强化作用，进行心理调节，比如"我早就准备好了，就等这一天了！"让大脑形成兴奋中枢，这样可以有效缓解紧张情绪。每天进行积极的心理暗示，心中常念"我能行""我要加油"，使自己有一个积极、良好的备考心态，这是考试正常甚至超常发挥的关键因素。

还要认真对待我们的课前宣誓、考前宣誓等，宣誓里藏着我们从未感到过的巨大能量。当你用洪亮的声音跟同学一道喊出"我行,我能行,我一定能行"时,你是不是在那种坚定中找到了鼓舞自己的力量;当你一遍遍告诉自己"我无所不能,我攻无不克,我战无不胜,我无人能敌"时,你是不是在这份肯定中点燃了信心?

我们还可以在课桌边、床头上贴上自己喜欢的自我激励语,每天于抬头低头间增加心理力量;在心烦气躁、压力无法驱除时,可以利用早晨起床后、晚上临睡前的时间,到操场上跑上几圈,对着空旷的天空大声地喊"我是最棒的,我是最好的",于自我释放中找回自信。

我们可以想象自己已经考上自己心仪的大学的具体场景,提升信心。

面对迎考复习的艰辛、解题的繁难、莫名的压力,任何怯懦都无济于事,我们只有把信心蓄满自己的心灵,才会有攻坚克难、持续奋斗的动力,才能真正战胜自我,顺利开启人生路上新的征程。

决战高考之上计(二)
——减少焦虑,调节情绪

调查发现,在高考前75%的学生都有紧张、焦虑、担忧、恐慌等情绪,有紧张焦虑很正常,但是不要过度。我们要想方设法建立良好的自我调节系统,减少焦虑,保持好心态。

同学们可以把每次模考演练当作高考来对待,寻找并体验"高考感觉",直至习以为常。认真对待每一次测试和训练,细致全面地分析试卷,对自己的强弱环节了然于胸,并制定有针对性的科学、合理的复习策略,缓解焦虑,平和面对各种状况,方可使成绩稳中有进。若能如此,当真正的高考来临,紧张、焦虑等情绪自然会被"自身免疫系统"弱化。

考前还要提升自己面对变化或困难时的应对能力,学会冷静地分析、判断,并采取科学的应对措施。结合历次限时训练、模拟考试的应考心理体验,找到应考的感觉。

针对容易发生的状况(如紧张、慌乱、怯场等),想好自我开导的用语,并在脑中反复演练,一旦在考试时遇到同类状况,明确知道自己的困扰所在,坦然接受,做好应激准备,才不至于临阵慌乱、手足无措。

情绪上,面对试题的难易,要有"我难人难,我不怕难;我易人易,我不大意"的心态。

决战高考之上计(三)
——心态良好,方法多样

心态决定成败。高考不仅是智力层面上知识运用的竞争,更是精神层面上心理素质的较量;不仅是"硬功夫"(知识储备)的角逐,同样是"软功夫"(情商)的较量。高考前夕,要千方百计让自己保持良好心态。

第一,要懂得自我减压。以平常心对待高考,不用逼自己"一定要考好",可鼓励自己"全力以赴就好"。

第二,要淡化高考的神圣感。权当高考是一次大型的模拟考试,如果没进场先怯场,势必影响临场正常发挥,更谈不上超常发挥,这就是所谓的"高考平常化,平常高考化"。

第三，要善于化"紧张"为"兴奋"。每天兴奋在对问题的发现中，陶醉在对问题的解决中。考前暴露的问题越多，我们的胜算就越大。如果每天都不能发现新问题，每天都遇不到新问题，整天都是那些熟悉的题目，复习来复习去肯定会遗漏部分生僻的考点。

第四，要善于激发自己的斗志。哈佛大学校长说过这样一句话：一个人成功的大小，并不是和别人比你做得怎样，而是和自身的潜能比，你做得怎样。同学们，时至今日，不要再去跟别人比，我们可以这样想：还有这么短的时间，在现有的基础上，我能不能继续提升，比如现在开始每天挣5分，高考时就会提升几十分。高考前在自身潜能的基础上，我们只要有了一个理想的提升，就算是成功。

同学们，机遇总是垂青于有准备的人，在考前全力做好心理准备，争取成为高考的幸运儿！加油！

决战高考之上计（四）
——合理安排，适度交流

离高考越近，同学们越要沉稳，越要保持平常心，尽量不要打乱原有的生活规律，尤其要科学安排时间。时间管理因人而异，不过都要注意合理安排学习和休息的时间，学会劳逸结合，比如说制订一张复习安排表，精确每天甚至每个半天的复习计划。

可适当将精力转移到与高考无关的事情上，如欣赏音乐，深呼吸，大声唱歌，朗诵等。可以根据自己的情况，适度运动运动，这样既可缓解紧张的情绪，提高学习效率，也能保证考试时有健

康的身体和清醒的头脑。当然,要尽量避免剧烈运动,以防过度疲劳或受伤。

还可与其他同学沟通,也可与老师、家长、亲友们进行交流,从中获取更大的精神助力和更多的正能量。课余时间与同学的"侃大山",既沟通了情感,宣泄了郁闷,又释放了压力。老师和家长的情绪疏导,又会让我们增强自信,坚定必胜的信念。

但是,凡事都要讲究度。考前时间宝贵,在与同学尤其是异性同学交流时,不可沉溺其中,否则,不仅对备考无益,还可能产生对对方的情感依赖而掉入感情"漩涡",这会在很大程度上浪费时间和精力。

决战高考之上计(五)
——勤于总结,激活思维

在备战高考的最后一个月里,我们一方面要限时训练,规范答题;另一方面要激活思维,勤于总结。时间有限,如果一头扎进题海而不勤于总结,反而容易迷失方向。我们要充分利用三个本,勤于总结,激活思维。

一、用好套路本,借助经典题型和标准答案总结解题思路和答题模板。阅尽海量模板,心中自有套路。通常情况下这对文科学习比较奏效。高考阅卷是体力活,时间紧,任务重,几乎没有一个阅卷老师会"仔细地通读"完你的答案,他们一般只会在最短的时间内,找到给分点,给出逻辑分、层次分。这时针对一类有固定模式的论述题,总结一个万能的"话术套路本"尤为重要。有套路的答题,除大大提高答题效率、压缩答题时间、为其他的题目争取时间外,还能让我们面对难题时"绝处逢生",多赚一些老师阅卷的"疏忽"分。

套路本的另一意义就在于：万一我们一下子脑袋空白，能快速为你提供一种规范的解题思路。最后，还要再强调一点：写满很重要！写满很重要！写满很重要！

可以根据学情找一些经典题型，只思考解题思路：第一步做什么，第二步做什么……（不必具体详细解答），然后对照标准答案，检验自己的解题思路是否正确，步骤是否合乎规范，得分点是否有遗漏。也可把同类或相似类型的题目放在一起，比较题干问法的异同及答案所涉知识点、步骤的异同，总结规律，这样更利于做到"一题多解"，甚至"多题一解""多法归一"。

二、用好错题本，借助错题集总结自己的薄弱环节。查错永远是快速提高的有效办法。多结合错题集，查找总结自己的薄弱环节，积累不同的解题思路和方法，这样做有利于在短时间里激活思维，快速有效地弥补自己的薄弱环节。仔细翻查以往考试中出现过的所有"错误"，错的多说明找到了知识的空白，错的频率高说明这个考点是常考点，这些"错题"就是那"5分"。考前力求保证两点：把错的题做对，同样的错误不要犯两遍。在最后阶段，关键在于弥补自己的薄弱点和失分点，寻找攻坚克难的个法、通法和规律。

三、用好考题本，借助做过的试卷和过去的高考题绘制知识体系思维图，避免"夹生饭"和"热剩饭"导致的"肠胃不适、消化不良"。在答题方法、步骤方面，要熟悉每个知识点常见的考查方式，对经典题目的解题步骤了然于胸，且准备几种特殊题型的解题方法。只有构建起完整的知识体系，完备方法步骤，熟悉每个题型，规范组织步骤，才能在考场上不慌不忙，淡定从容。这也有助于我们在遇到题目的时候迅速有效地进行知识点的提取，迅速地对题目作出判断。如果没有规范、完整的知识体系做支撑，答题的时候很容易漏掉很多重要的关键点或者关键步骤。

到了这个阶段再刷题是根本刷不完的，老师发的题也不一定都是精挑细选出来的，所以这时我们完全可以"借力"：和同学做不同的题，然后参照答案，将考查的知识点和重点圈出来，一起共享。另外，与别人交换错题本也是一个不错的办法。别人做错的题我们自己未必就不会做错，甚至可能根本都没见过。"借力"的对象还包括老师、亲友等，高考真的不是一个人的战斗，要使用好身边的资源。

希望同学们善于总结，激发潜能，努力让自己的青春有一次亮丽、令人愉悦的绽放！

决战高考之上计(六)
——回扣基础，对症下药

一般说来，临近考试不宜攻难题(基础扎实的特尖生除外)，一是没有这么多的时间；二是试卷上难题数量比例较低，命题类型又多，若考前突击难题，命中题目的几率较小，很有可能做无用功，还可能打击自信心。

一般情况下，考前最重要的是把精力放到基础内容上，将基础打牢，通过回扣课本，全面掌握教材中涉及的基本概念、基本原理、基本观点，构建起明晰的知识网络，做到"心中有书"。

对于冲"双一流"高校的学生来说，在考前应对各科所学必修、选修内容一一梳理，尽快填补知识漏洞，并且在老师指导下建立完备的知识体系，做到融会贯通，举一反三。而对于冲非"双一流"高校的学生来说，务必要注重基础知识的掌握和基本技能的训练,本着"能提一分是一分"的原则,查漏补缺。特别要总结一模、二模试卷出现的缺漏,尽可能在"固基保本再得分"上下功夫。

当然,在构建基础知识网络的同时,也要重视能力的提升,建议联系近年的高考真题,梳理总结,注重课本知识与高考真题的联系,特别关注近年来高考反复涉及的章节,以及老师反复强调但近年高考中没有出现过的知识。可以说,高考真题是后期最好的练习题,可以有效避免碰到偏题怪题。

我们可以将近几年的高考题,对照考纲把不会的、不清楚的知识点标示出来,找相应的题目,能做的就做,不会的就看答案或者问老师,看不懂就直接抄,前前后后反复三遍,即使记不住100%,也能记住一大半。

随着高考的临近,考生、家长都会越来越多地考虑能考多少分,报什么学校等问题。这种心理很正常。因为到目前为止,将历次考试的成绩汇总、分析,已基本可以理性地确定高考目标。有了基本的定位之后,就要以平和的心态对待自己的成绩,继续认真做好考前的复习和其他准备工作,确保发挥出正常水平,力争在现有的基础上有所提高。

决战高考之上计(七)
——重视规范,提升分值

俗话说:苦学不如会学,会学不如会考!越是临近大考,强化规范意识越显得重要。时时处处规范答题,才能最大限度地减少非知识性失分,尽力避免出现会而不对、对而不全、全而不精等情况。

信心语谭

审题要规范——审题不当,没认真看题就动手,对题目中的关键词把握不准,对题目的赋分没看清,都是考试大忌。一定要仔细读题,不能匆匆而过,应该字字落实,避免粗心大意。

做题要规范——如步骤规范、术语规范等。平时训练可以多选择带有评分标准的考题,认真做完后对照评分标准,看看自己的答案是否严密、规范、恰切,明确得分点,总结答题技巧,积累答题模板,远离盲学、盲考。

书写要规范——实践证明,同样的作答内容,卷面、字体的高颜值能把你的分数提高一个档次,在强手如林的高考中,这会成为你制胜的加分项。卷面排版要整齐,规范书写提分值。有一手好字会让阅卷老师眼前一亮,倍增好感。即使字不好看,认真书写,成行成列,并且出错后尽量避免随意涂抹勾画(可以用单横线轻轻划去),这样每道题也可以多得几分。某阅卷老师表示:字可以写得丑,但排版一定要整齐。条理清晰的答卷更容易受到阅卷老师青睐。

为了强化规范意识,请坚持做好以下几点。

一是坚持每日限时做题,以保持对题目的敏感度,养成"模式快速识别能力"。考场如战场,若不能尽快成功解决几道题,就往往会因考试时间不够而造成"隐性失分"。平时多进行限时训练,对题目的感觉就越熟悉,做题的速度也就越快,解题的正确率就越高。

二是坚持根据自己的实际情况强化训练,克服"眼高手低"的毛病,做题的数量和难度要适当。优等生应加强综合题的训练,中等生重点弥补薄弱学科,成绩稍差的同学重在夯实基础,力求提高一个分数档。

愿同学们强化规范答题意识,切实提高解题的速度和正确率,努力做到能得的分一分不丢。正如原潍坊市政协副主席杜国忠先生说的:"关键时刻出绝招,助力冲刺为赶超。待到金榜题名时,莫忘校长谆教导。"

决战高考之上计(八)
——善抓"题眼",小心易题

高考阅卷评分,理科是按步骤、按知识点给分,文科是按要点给分。考生在答题时,会多少就要答多少,哪怕是一条辅助线、一个符号、一个公式甚至一个术语。即使没有把握做对也要敢于答上,千万不要将不能完全做出或得不出最终答案的题放弃不做。

试卷上适当多写步骤和要点,说不定你正是靠这不确定对错的答案而比别人多挣了几分,而也可能正是这几分会助你成功打开理想大学的大门。

难题,一般都有个关键点,可称之为"题眼"。若抓住"题眼",梳理思路,问题就易于解决。此外,还要利用相关的知识、规律、信息找出问题的内在联系,构建"桥梁",从而寻求解题思路和方法,力求准确、快速地解答问题。

简单题,容易让人轻视,若不注意题目要求的细微变化,不费心思就信手写来,可能会铸成大错,所以有"容易题,容易错"的说法。

我们要知道,题目对你容易,对别人也容易。所以,碰到容易题,更要耐心仔细,看清每个命题者预设的"陷阱",不能在此"马失前蹄",要力争一分不失。

信心语谭

决战高考之上计(九)
——学会变通,细致检查

考场上要争取每分每秒时间,会做的尽量做对,不会的尽量合理推断,坚决不空题,以轻松愉悦的心情充分发挥已有水平,才可能取得理想成绩。

考试中,要力戒满不在乎的轻敌心理,抛弃"胜败在此一举"的负重心理,战胜畏首畏尾的胆怯心理。

考试时,如果以前熟悉的知识、解题方法突然想不起来,不要慌,这时要会变通:一是换个角度或思路,利用与题目有关的条件开始回想,从而寻找突破口;二是利用本卷中其他题目中的信息帮助回忆;三是暂时搁置,先做其他题目,等确保试卷上会的题都解答完了,情绪稳定下来,思路逐渐清晰了,这时再回过头来重新思考,可能会有意外的收获。

做完题后,争取留出一定的时间检查答卷,主要是检查题目是否有遗漏,是否弄错了题意,是否抄错了已知信息,是否计算有误。尤其对已经解答出的拿不准的答案,一定要逐一对试题要求、对思路、对步骤、对结果等进行细致耐心的检查,以尽量减少失误。

决战高考之上计(十)
——临场发挥,关注细节

临考之际,需要进行知识结构的梳理和知识运用能力的提升,除此之外,临场发挥等非智力因素也不可小觑。若临场发挥得好,总成绩提升10分是很容易实现的。在此,再梳理几条临场发挥的诀窍,供同学们参考。

(1)答题结构把握好,关键词语要扣牢。

阅卷老师在阅卷时非常注重答题的基本结构是否完整,句子表达是否准确。如果结构完整,句子准确,表达流畅,一般都能得到比较理想的分数。譬如地理与历史科综合题的解答要有整体性思维,一般围绕着"在哪里""有什么""为什么""做什么"的思路回答。

另外,阅卷老师还特别喜欢搜索答题的关键词语,所以,考生们不论答多答少,首先要考虑答案的关键步骤、关键词,然后再用规范的语言进行表达。

(2)文科尽量要写满且抓点要全,理科尽量步骤详细明了。

高考阅卷评分,理科是按步骤、按知识点给分,文科是按要点给分,文科主观题最基本的答题思路是抓关键词,写得越多越条理,分条越多,就越有可能抓出关键词,越有可能靠近得分点。

理科是抓错的,尽量别失误。省略步骤是理科大忌,要在写清楚步骤的前提下尽量精炼,否则写得越多越容易因笔误扣分。

(3)统览试卷规划好,抓紧时间不纠缠。

发下试卷后,要迅速浏览一遍,看看哪些是基础题,哪些是中档题,哪些是难题或压轴题,然后按"先易后难"的原则,确定解题顺序,逐题解答。

不管大题小题先做会做的题,再做只会解题思路的题,然后根据平时的规范,训练攻克有难度的题,最后再"抠"毫无解答头绪的题。原则就是:保证在有限的时间里多做题,巧做低档题,全部都做对;稳做中档题,一分不浪费;力冲高档题,尽力把分挣。

有两点最关键:一是抓紧时间,提高答题速度,力求既稳又快,选择题每个题的解答时间平均控制在一分半钟以内,不为不

确定对错的小题纠缠不休；二是保证交一份完美、工整、清晰的答卷，这是争取高分的基本要求。

决战高考之上计(十一)从容应对，圆梦高考
——写给即将征战考场的孩子们

青春，是一个美好的词语。在这个青春的校园里，每个孩子都拥有平等的机会，都可以去编织自己的远大梦想，也都可以去描绘自己的理想天空。你付出多少，也必定会收获多少。

在美丽的信心教育乐园里，你收获了广博的学识，淬炼了优秀的品格，明天就是沙场策马扬鞭的时刻，我坚信经受了艰苦磨砺的你们，必定信心满怀，胜利在望！

我最亲爱的高三学子们，你们是壮士，即将出征，让我们披上自信的战甲，从容应对，高考圆梦！

可爱的孩子们，出征的号角已在高考的阵前吹响。学校在期盼，老师在期盼，家长在期盼。当所有的希望寄托于你们身上的时候，希望也许就成了偌大而无形的压力。

希望你们明白，高考其实只是我们人生路上必经的一座桥，是我们漫长的人生旅途中一个小小的驿站，我们只管坦然走过，亲自去经历一下，仅此而已。

知识与技能的获取来自日积月累，信心在长期的耳濡目染下已根深蒂固，十二年的积累，十二年的磨砺，我们已经拥有了战胜高考的实力。我们相信自己可以平稳发挥，相信自己可以从容面对。并且，老师们会全力做大家坚实的后盾，愿意陪大家一起阔步向前！

走过坎坷路，你就是勇士；经历过高考，你就是英雄。每个人

都是如此的不同,我们要悦纳自我!

不为往事扰,只为余生笑!生命不止,奋斗不息!

我们一直与你们同在!未来的世界,会因你们而更加多姿多彩!

发展家长

信心语谭

一、尊重、理解前提下的双核心成功
——换位思考下的牵手威力

> 教育从来就是家校合作的事业,教育的成功,核心在于共识的达成。
>
> 消除误会于萌芽的是尊重,保持合力于长久的是理解。
>
> 尊重与理解,是换位思考的基础,同时也是一种力量。
>
> 换位思考,让家校之间、师生之间、父母子女之间,成为共同成长的"微循环生态圈"。
>
> 在共识的微循环中,成功的驱动程序会自动优化加速。

1. 多一些尊重与信任,少一些抱怨与推诿

一个班主任面对的是几十个孩子、上百位家长,还要面对生活、工作中的其他种种事情,请家长们一定要多换位思考。家长们清楚,面对自己的一个孩子,有时就让全家人束手无策,而老师要面对来自不同家庭、性情各异的几十个孩子,管理难度可想而知。即使老师的工作不能让每位家长都满意,但老师尤其是班主任的贡献也是任谁都抹消不掉的。

所以,家长们,请善待每位教师,特别是那些为您孩子好、对您孩子严厉的老师。请您多一分宽容和理解,多给老师一些尊重和信任,老师定会更努力地工作,并会加倍关爱您的孩子。

经验告诉我们:家长与学校配合得越好,教育就会越成功。大凡家长不能与学校配合的,结果往往好不了。

同时,作为寄托了家庭与社会无限希望的教师,必须全心全意地热爱、尊重每一个孩子,努力干好本职工作,更好地担当起教育之神圣使命!

2.当下体谅老师苦,莫等他年叹不惜

从小到大,我一直对老师满怀崇敬。但也有人小时候特别讨厌老师,长大后才知难觅如此恩师情。

孩子们,为你好的人,才会批评你,教育你。因为,他希望你变得更优秀,更出色。哪怕你出人头地后忘了他,他依然为你骄傲,以你为荣。这个人,除了父母,就是老师。试想:与你不相干的其他人,谁愿意在你身上浪费自己如此多的心血?在成长过程中谁都可能犯错误,但不要等到错误无法挽回时,才明白老师当年的良苦用心。

父母们,能为你家孩子指出问题并教其改正的人,才是真正为你的家庭负责、为你的孩子着想的人。因为,他希望以一己之力,助推一个生命的健康成长,避免一场遗憾的发生。一般来说,这个人,除了家人,就是老师。若是他人,怎会理你?

所以,从某种程度上说,老师也是我们的亲人。

3.教育好自己的孩子,永远是你最重要的事业

我和老师们的共识是:我们教学生三年,就要为学生想三十年。实践证明,老师非常重要,一位好的老师,虽然能够影响孩子三年五年、十年八年,甚至二十年三十年,但家长的影响力同样非常重要,或者说更重要!

家长永远是孩子的第一任老师,也是孩子永远的榜样!说到底,你的孩子只是老师众多学生中的一个(所以,我们又相应地确立了信心教育理念:每一个学生都很重要!),但对你而言,孩子是你的唯一,也是你们家庭的未来,教育好自己的孩子,永远是你最重要的事业。

4.尊重您孩子的老师,才能赢得您孩子的未来

古人云:一日为师,终身为父。尊敬的家长,在这个世界上,老师是唯一与您的孩子没有血缘关系的亲人。他们对您的孩子满怀期待,不遗余力地助其成才,因您的孩子进步而高兴,为您的孩子退步而着急,舍小家顾大家,宁任青丝染成白发也无怨无悔。

各位家长,为学莫重于尊师。当您的孩子对老师的做法不甚满意甚至心怀抱怨时,请您冷静思考,顾全大局,善待老师,在理解老师苦心的同时,敞开心扉,及时与老师交流沟通,并客观地与孩子分析师生之间的问题,解开孩子的心结。唯有亲其师方能信其道!我相信老师的心愿和您一样,都是为了让善良、宽容、睿智、尊重的种子在孩子心里发芽,让孩子优秀的品质在潜移默化中提升。

各位家长,尊重您孩子的老师,才能赢得您孩子的未来!希

望我们共同努力,继承中华民族尊师重教的优良传统,使孩子具有识大体、顾大局的广阔心胸,让孩子拥有健康、阳光的心态,尊重老师,爱戴老师。

5.积极配合,别把老师推向"不敢管"的境地

配合老师教育孩子,是卓越父母的共同特征。

尽管家长们职业、行业不同,经历、个性、学历等方面有差别,但实践证明,优秀学生的家长几乎都有一个共同点——对学校的教育工作非常配合。

如果家长对学校的工作能随时保持高度关注,根据学校要求及时教育孩子,出现问题第一时间与老师沟通,尊重老师的处理意见,我们相信,在老师的引导和帮助下,孩子身上的问题很多都能由大化小,由小化无。

孩子虽然走了弯路,但若及时扭转,最终也能到达胜利的彼岸。怕就怕在,在孩子出问题后,有的家长认识不到问题的严重性,不仅不配合老师的教育,反而还站在老师的对立面上以与老师"理论"为能事,甚至动辄以向上级举报来恐吓本想拉孩子一把的老师们。如此一来,老师们想帮不敢帮,想管不敢管,最终无奈地任您的孩子如"落花"随流水。

更令人担忧的是,孩子在家长没有原则的"呵护"下,会更加肆无忌惮,自我放纵。长此以往,孩子在老师和同学心目中的形象会大打折扣,未来成为家长所期望的优秀人才的概率自然也会大大降低。

亲爱的家长们,想要孩子更加优秀,请从配合学校、配合老师做起吧。

信心语谭

6. 多用点赞慎差评

亲其师才能信其道。为了使我们的孩子发展得更好,希望我们的家长尽力做到:正面评价老师,引导孩子喜欢自己的每一位科任老师。

在学习过程中,很多孩子有偏科的现象,其中部分原因就是不喜欢自己的科任老师。请大家换位思考,人无完人,老师有缺点很正常。再者,孩子的喜好不同,有时孩子对老师不喜欢并非是老师的原因,我们要引导孩子充分理解并正确对待。特别指出的一点是,家长千万不要随意给老师"差评",特别是不要在孩子面前妄评某老师"太严"或者某某老师"没有水平"等等。

家长应积极地配合学校工作,正确引导孩子来适应老师。要始终给孩子们传达这样的观念:无论是老教师还是新教师,都各有所长,都很优秀;不是等老师来适应我们,而是我们要主动去适应老师;现在适应性情不同的老师,将来才能适应多变的社会。

7. 这样的礼物,老师喜欢

又是一年教师节,又到了感动与欣慰交织的日子。手相牵,心相连,情相系,爱相通,很多家长想借机表达对老师辛苦培育孩子的谢意,情意无限,感动满满。

在教育方舟前行的路上,亲爱的家长们,您,早已和我们拧成了一股刚劲的纤绳。您的情是我们的意,孩子在您的梦里也在我们的心里。老师回馈各位家长厚望的最好方式是让孩子健康快乐地成长,正如家长朋友们送给老师最好的礼物是对教育教学工作的理解和尊重。

忙完了一天的工作,欢迎各位家长及时关注班级群里老师适时传达的各种信息、建议与要求;感谢各位家长朋友密切配合班主任做好孩子的沟通、督促工作;很高兴各位家长朋友收到老师的信息时,及时回复,让老师放心;也很愿意看到各位家长在孩子犯错时,能正确认识孩子存在的问题,配合老师教育引导孩子,鼓励、肯定、支持老师的工作。在各位家长方便时,愿家长朋友们积极参加家长会、家长培训等学校活动,跟孩子一起成长,让我们在教育孩子的路上一起出发。

亲爱的家长们,尊重、理解、支持和配合,是您送给老师最珍贵的礼物,我们将永久珍藏!家长的明智、通情达理更是孩子一生的福气!让我们在培养孩子的过程中,共担教育的责任,共享孩子成长的欢愉!

8.家长不宜在孩子面前数落老师的不是

如果孩子认为家长也不尊重老师,那么他就会在学校里甚至老师面前更加肆无忌惮,为所欲为。这样很不利于孩子健全人格的养成。长此以往,他们在未来也将会面临层出不穷的麻烦。

同时,亲其师信其道。孩子若不尊重老师,就不可能真心接受老师的指导而有效地学习,也不会为优化未来的生活而付出大量努力,那么,教师教育教学的效果就大打折扣。试想,面对未来竞争日益加剧的社会,我们的孩子将何去何从?

9.家校合育与等腰三角形

若教育者帮助孩子养成了良好的习惯、自信的品质和坚持不懈的精神,那就是让他们拥有了一生中最宝贵的财富。而这一切,需要家长密切配合才能完成。理解老师,理解学校;支持老师,支持学校。

教师、家长、学生三者之间的关系就好比是一个等腰三角形的三个角，三角形的两腰是家长和老师，两者的地位是平等的，肩负的责任是等重的，双方合力才能共同支撑起孩子的高远未来。如果哪位家长没有担起重任，本应达成力的平衡的三角形就会倾塌，到那时，受害的将是您的孩子。

10.悟空成就于制服"心猿"，学子辉煌于清除"负我"

每一个不太服从管理的学生内心几乎都"住着"一个貌似强大且顽固的"自我"，而这个"自我"的处世"理念"跟我们提倡的合格中学生的标准可能严重悖离。

这种个性化的"理念"一旦形成，如同设置了把自己严密保护起来的壁垒，将学校的标准和要求屏蔽在外。即使教育者花再多的时间和精力，也很难攻破，当然也就很难改善孩子的言行，达不到理想的教育效果。一般到这时，父母的"有效期"已过，家长很难再对孩子进行有效的引导与教育。长此以往，不仅孩子的未来谈不上光明与远大，而且家长可能也要任他们摆布，这将给家庭带来无尽的烦恼与麻烦。

所以，当孩子出现一些不良行为的时候，特别是在孩子价值观形成的关键期，家长一定要积极配合老师，早干预，早引导，要透过现象看本质，仔细探查孩子内心的诉求。在大多数情况下，他们是在表达被关注被关爱的需求，是希望我们看到他们的存在。这时，我们可以多寻找孩子身上的闪光点，或者多为孩子提供施展才能的机会，并经常对其加以肯定和认可，激励他们树立信心，激发其学习的动力，鼓励他们通过努力实现人生的价值。

11.家长，在孩子成长的路上请握紧老师的手

同盟，可以数百倍放大成长的力量。孩子的健康成长，离不开家庭、学校和社会的共同教育。其中,家长和老师应该是教育战线上的同盟军,二者的良好配合将对孩子的成长起决定性作用。

师者父母心,尽管老师们和家长有着共同的心愿,希望孩子早日成才,但是不可否认,由于种种原因,老师处理问题的方式有时可能不被学生接受,有的孩子甚至对老师产生了抵触情绪。

如果遇到这种情况,希望家长们不要急着在孩子面前抱怨老师,应该将心比心,换位思考,充分理解老师的良苦用心,并且在问明情况后,及时跟老师良性沟通,并争取找到最为有效、科学、合理的解决方式。

只有家长在孩子面前给予老师足够的尊重和信任,充分维护老师的形象,孩子在学校才会更加配合、信任、尊重老师,如此才会在老师的引导下,更加专注于学业,同时锻造诸多优秀品质,茁壮成长。

愿我们在教育孩子的漫漫长路上,做孩子的指路明灯,帮助他们找寻人生最美的"芳草地",让他们诗意地栖居,惬意地生活!

12.人人都是天才,只需要激活你的天才密码

因为帮助女儿申请大学,曾任腾讯副总裁的吴军,陪同女儿走遍了英美两国的名校,包括牛津、剑桥、哈佛、普林斯顿、斯坦福等。在实地考察后,经过一番详尽对比,他得出结论:所谓的英美名校只是做了一件事——激发出潜藏在孩子内心的智能。从某种意义上说,一旦学生拥有了持续一生的学习热情,教育者的培养任务也就圆满完成了。

"只是做了一件事",貌似虽有些夸张,但由此可见激发潜能在教育中的重要性。长期以来,我们学校在激励学生信心、调动学生内驱力、加强学生潜能开发上做了大量的工作。今后我们将继续加大研究和实践力度,老师们要努力帮助学生解决好潜能开发的关键问题——帮助学生找到人生的使命和改变的动力,帮助学生把注意力集中在人生目标上,帮助学生运用潜意识的神秘力量不断重塑自我,帮助学生建立永不动摇的信念和明确的目标方向。我们争取让每个孩子都潜意识地认为自己是优秀学子,从而以优秀学子的标准规范自己的言行。

激发学生潜能是一项大工程,教师和家长通力合作才能取得切实的效果。在此衷心希望各位家长对孩子多激励,多引导,少挑剔,少抱怨,通过各种有效方式来激发孩子学习内动力,培养他们对学习持续的热情,并锻造其终身学习的能力。

13.巧用团聚时光,唤醒孩子使命感

旅行不会改变世界,但可以改变看世界的眼睛。让孩子的视界拥有世界,自然会悄然改变他的人生。

新春佳节,有的家长选择带孩子出游,欣赏美景,追寻历史,了解各地的风土人情。每到一座城市,家长们不妨带孩子去参观那里的大学,让孩子提前感受大学严肃、紧张、自主的氛围,从而对美好未来产生无限的憧憬,更加努力地投入到学习中。当然,多数家庭会选择在家过传统春节,家人的团圆和亲戚朋友的相聚,让孩子明白自己对家庭担负的责任,使之更加有使命感,也更有学习动力。

教育方式因家庭而异,无论通过哪种方式,只要家校双方用心用力,有计划,有方法,有行动,有督促,相信孩子们学习时一定会更主动,更投入,更沉着,更坚定,更自信。届时,我们的教育

定会事半功倍。

14. 帮孩子走出"开学综合征"

开学后,老师和家长一定要注意应对部分孩子的"开学综合征"。

经验告诉我们,此刻会有许多孩子尚未从闲适的假期中"苏醒",有部分孩子作业未完成,有部分孩子假期基本未学习,还有的孩子,因父母娇惯或约束不了,玩了一假期的手机,看了一假期的电视。这些孩子由于长时间沉浸于电视节目,痴迷于网络游戏,陶醉于球场竞技,生活起居不甚规律,兴奋点一次又一次被激活而久久不能平息,开学后往往呈现出"玩的神经发达,学的神经迟钝"的症状,如注意力不集中,记忆力减退,对学习不感兴趣,精神萎靡,上课走神,作业质量低,课堂气氛沉闷等,不一而足,这一现象即为人们戏称的"开学综合征"。

因此,"收心教育"非常有必要,家长、老师、学生三方,必须携手努力。对这些学生而言,能否顺利通过开学过渡期非常关键。只有及时收心,树立信心,排解开学焦虑,才能在思想上不掉队,行动上不落伍,学业上不欠账,跟上新学期的脚步。

15. 家教中的"民主"与"集权"

复旦大学钱文忠教授讲到,独生子女是自地球上有人类这个物种以来所出现的一个从来没有过的"亚种",在人类历史上,从来没有那么多没有兄弟姐妹的人在那么短时间内,有计划地出现在一个国家。

千万不要以为他们和我们是一样的,他们和我们不一样,甚至可能完全不一样。

现在很多家庭的伦理是倒过来的，在家里不是家长说了算而是孩子说了算。我的学生中，在家里父母说了算的孩子学习成绩一般都很优秀，品行修养往往更高。

"你吃我的喝我的用我的，凭什么不听我的！"霸父经常这样训斥孩子，最终，这位家长就成了学霸之父。

事实证明，在家庭教育中，家长中一个人说了算的家庭中，孩子成才率是极高的。

家庭中的民主，要慢慢培养，当孩子的认知水平和家长接近的时候，才可以通过商量，达成一致，让孩子明白，民主来之不易。

很多家长以民主的幌子打着爱的旗帜去教育孩子，这是放纵，一个未成年人打败了成年人，结果相当可怕。

16.培养孩子一定要从尊重孩子的老师开始

幼儿园里，经常会有这样的事情发生：某位家长因为孩子之间的小磕碰，与老师或园长闹得不可开交。孩子磕碰了，父母着急，这是人之常情，但在没有弄清事情的原委之前，因一时的冲动而迁怒于老师，我想这样的家长很难培养出一个温文尔雅的孩子。

孩子是家长的影子。每个孩子身上的优点，都是父母美德的传承；每个孩子身上的顽劣，都是父母缺点的映射。

所以，家风永远是一面镜子。为了让这面镜子更明净，家长要给自己制定规矩：不说谎话，给孩子的承诺一定兑现；不在孩子面前议论是非、抱怨生活；不和孩子讨论老师，议论老师的不足，要维护孩子心中对老师的敬畏和热爱。

没有敬畏和热爱就不会有真正的教育发生，有尊师重教的好家风,才有孩子的好未来。

17.孩子的成绩好坏不是智力问题,而是动力问题、习惯问题

孩子的成绩不理想,主要不是智力问题,而是动力问题、习惯问题。不用心研究孩子,不认真观察、分析他的行为习惯背后的问题,就难以真正了解他,家长的施教就难以收到实效。

了解学生、研究学生,这是《教育心理学》上的一条十分重要的原则。教师要研究学生,家长也要研究自己的孩子。只有家校真正基于学生的成长而携手,建立起合理的沟通交流渠道,找到家校合育的最大公约数,基于对孩子的真实研究而制定有针对性的教育措施,那样,学生的健康成长、全面发展才会成为必然。

18.做有智慧的领路人

有智慧的家长充分信任老师,不会溺爱孩子,不会包庇孩子的错误。他们维护老师的威信,当孩子出现问题时,会与老师同心协力解决问题,不会动不动就埋怨老师,更不会在孩子面前贬低老师。他们善于换位思考,非常理解老师的美好初衷。

有智慧的老师也善于换位思考,懂得设身处地为家长谋划,从而赢得家长信赖。他们尊重家长,爱护学生,既不会当众责备孩子,更不会训斥、指责家长。他们深知任何人都不可能十全十美,自己的工作也难免会出差错,因而与家长的沟通极有耐心且虚心,更容易得到家长的积极配合。

在育人路上,老师和家长应该成为最好的搭档。愿我们彼此多一些理解,多一份信任,多一点扶持,多一分等待,家校携手,做有智慧的领路人,奋力托起孩子璀璨的未来!

信心语谭

19.对孩子来点"狠"心

有远见的父母,都带着点"狠心"。当孩子想放弃时,"狠心"逼迫孩子坚持;当孩子想偷懒时,"狠心"逼迫孩子勤奋。著名作家刘墉一直坚持严父教育,培养孩子锲而不舍的精神,最终他的两个孩子都成了世界名校的高材生。他说:"在我看来,许多人不成功的原因归根结底只有一个:还不够努力。"央视主持人董卿沉稳大气,才华横溢,但是她小时候也曾经懈怠过,是他的父亲改变了她,当时父亲非常严厉,以至于董卿都怀疑自己不是他亲生的。

世上没有一蹴而就的成功,只有日积月累的成就。愿父母们都成为有远见的人,对自己的孩子来点"狠心",用"狠心"和爱心铺成孩子通往美好未来的康庄大道!

20.牵手"三防",呵护成长

家校牵手,良性沟通是和谐师生关系、促进孩子健康成长的有效手段。我们大力倡导老师主动联系家长的同时,也期盼着家长——尤其是高一学生家长,多与老师主动沟通。家长主动参与到家校共育中,裨益多多。

一是防止孩子被忽略。

进入高中的新环境,有些孩子性格比较内向,加上大多数老师要带两个甚至更多的班级,很难像班主任那样清楚地了解每一个学生。

二是防止孩子自尊心受伤害。

升入高中后,竞争对手多了,优秀的孩子多了,学生群体就会重新来一次排队,某些优秀的学生就容易产生失落感,觉得自己不再优秀,自尊心受到伤害,从而放松对自己的要求,甚至自暴自弃。如果家长及时跟老师交流,就可以有的放矢地做好学生的引导激励工作。

　　三是防止孩子对老师产生逆反心理。

　　因为学生最忌惮老师告状,老师主动与家长沟通,孩子的第一反应往往是反感——老师又告状了,这会很大程度上影响教育效果。而家长主动找老师了解近况,学生往往不会迁怒于老师,更有利于问题的解决。

　　跟老师沟通的方式很多,到学校面谈,打电话,发短信都可以。家长们不用担心会给老师增添麻烦,我们的老师是非常愿意跟家长交流的,作为教育者,视生若子是我们共同的追求。

　　当然,在沟通时也请家长们多多理解老师工作的特殊性,沟通时间不宜过长,沟通次数不宜过多,尽量选择老师不忙的时候,也可以和老师预约,毕竟老师面对的是许多家长。

　　各位家长,你们与老师的良好关系,是孩子与老师关系的润滑剂,会让孩子更有自信和安全感。

　　让我们家校手牵手,师生心连心,真诚沟通,合作互赢,共筑孩子的美好明天!

信心语谭

二、教育时机的"过期不候"
——言传身教是最好的陪伴

> 所有的教育内容,都存在最佳教育档期,错过了这个档期,教育行为可能事倍功半,甚至"过期不候"。
>
> 作为孩子的第一任教师,父母也要有师德,而言传身教,是父母"师德"修养的重中之重。
>
> 错过了夏天的追肥,您只能收获不饱满的果实;
>
> 错过孩子青春叛逆期的陪伴,您就无法享受到孩子未来成功的甘甜。
>
> 而事业上再大的成功也弥补不了教育子女失败的缺憾!

1.名门望族的启示

身为父母,要注重自身的言传身教,这不仅仅是我们普通人的行为规范,也是名门望族的治家之道。孩子是大人的影子,不管孩子的优点还是缺点,其实都能在父母身上找到相对应的影子，父母的教育深刻影响着孩子的一生。

2.最好的教育就是父母的言传身教、以身作则

德国哲学家雅思贝尔斯说：教育就是一棵树摇动另一棵树，一朵云推动另一朵云，一个灵魂唤醒另一个灵魂。教育就是父母言传身教、以身作则去唤醒一颗幼小的种子，用自己的行动来慢慢影响它，让它生根发芽，枝繁叶茂。

不仅如此，真正的教育更应该是一种精神的传递，对孩子进行托举，让孩子站在家长的肩膀上看到更广阔的世界，让他掌握使自己幸福的本领，在将来可以更成功地寻找到自己的幸福。

3.时间是金钱，更是亲情

一位父亲下班回家已经很晚了，发现5岁的儿子靠在门旁等他。"爸爸，你1小时可以赚多少钱？""我1小时赚30元。""爸爸，可以借我10元钱吗？"父亲非常生气，没理他。约1小时后，父亲平静下来，开始想着自己可能对孩子太凶了……或许孩子真的很想买什么，再说他平时很少要过钱。于是，父亲走进儿子的房间，给了孩子10元钱。"爸爸，谢谢你。"小孩高兴地从枕头底下拿出一些被弄皱的人民币，慢慢地数着。"为什么你已经有了钱还要？""因为这之前还不够，但我现在够了。"孩子回答，"爸爸，我现在有30元钱了，我可以向你买1个小时的时间吗？明天请早一点回家，我想和你一起吃晚餐。"

小故事，大道理！古语说："养不教，父之过。"而当下似乎越来越缺乏"父亲的教育"，这也是中国式家庭教育遇到的最大问题。时间可以换取金钱，也可以换取家庭的亲情和快乐，但金钱却做不到。

爸爸们，给家庭挤出些时间来吧，因为家庭是孩子成长的"大本营"，爸妈是孩子成长的"起跑线"，孩子的成长是用金钱买不到的，任何成功都抵消不了教育孩子的失败！

4.言传身教的效应，随年龄增长而放大

父母在教育孩子的过程中承担着无可替代的启蒙、教育等重要责任，形形色色的家长培养出品行、人格等千差万别的孩子。

父母温文尔雅，知书达礼，仁厚宽容，一般不会养育出满嘴脏话、无视礼仪、自私自利的"熊孩子"，而无视规则、不讲道德的父母也难以培养出彬彬有礼、行事得体的精英孩子。

优秀的孩子多是优质教育的结果，问题孩子多是问题家庭的产物。孩子的问题大多不是孩子自身造成的，而是父母问题的折射，父母常常是孩子问题的最大制造者，同时也是孩子改正错误与缺点的最大障碍。

我们讲究言传身教，同时也应认识到，父母身教重于言教。父母是孩子的启蒙老师，原生家庭环境对孩子品格的影响将伴随他们一生。试想：当孩子做错事对他人造成不良影响时，做父母的是带着孩子向他人虚心道歉，给孩子做知错必改的好榜样，还是不但意识不到自身错误，反而煽风点火、恶语相向甚至嫌对方无理取闹而大打出手？

父母不同的处理方式会给孩子内心种下善或恶的种子，日后等孩子长大时，他们会以十倍百倍的能量去从善或从恶，到那时就不是父母之力可掌控的了。

5.不妨宠爱有加，但应设定底线

最近网络上频繁曝出的"迪士尼8岁男孩"以及"公交车男

孩被摔"等事件足以说明，父母的宠爱要有底线，否则父母和孩子将来必会吞下自酿的苦果。真正懂得教育的父母，绝不会无是非、无对错、无底线，他们会以温柔的坚持、有原则的深情，帮助孩子变成更好的人。M·斯科特·派克在《少有人走的路》一书中说："孩子们会情不自禁地模仿父母，拷贝父母的处世方式，并将它视为人生标准和榜样。"

清代大学士张英在教导后来成为大学士的儿子张廷玉如何为人处世时说，"与人相交，一言一事，皆须有益于人，便是善人"，"一言一动，皆思益人而痛戒损人，则人望之若鸾凤，宝之如参苓，必为天地之所佑，鬼神之所服而享有多福矣"。

万事皆有因果。心存善念，多行善事，多为他人着想，内心坦荡，行为磊落，如此品行高尚的孩子更容易得人助，成大器。

父母想要孩子成为什么样的人，首先自己要努力做什么样的人。要想孩子成为人中龙凤，父母一定要反思自己的行为，做孩子的良师益友，做他们的行为表率。

没有父母的改变就没有孩子的改变。没有不想学好的孩子，只有不能学好的孩子。

奉劝父母们，从自身做起，为了孩子的未来，我们一起努力！

6.成为"低头族"，当心不归路

大家可以做一个自测，一天24小时，你每天用手机的时间是多少？分别用在工作上、学习上、聊天上、游戏上或其他娱乐上的时间又是多少？自测后的结果是不是让你感觉到很可怕？

事物往往都有两面性，现代文明的产物——手机同样是"双刃剑"，我们是其受益者，同时也是受害者。

放眼望去，公交车站、图书馆里、商场里、饭馆里……任何需要人们稍微等待的地方,"低头族"都会屡见不鲜,甚至"蔚为壮观"。

如今,大量事实证明,手机的弊端到了让人不能熟视无睹的程度:它取代了正常的亲情交流,让亲人、爱人变得冷漠;可以"肆无忌惮"占用我们本可以用来充实和提高自己的大量宝贵时间,让成长停滞,让事业荒废……

同时,关于玩手机带来的负面新闻也不绝于耳:开车玩手机撞树导致人伤车毁的,过马路玩手机被开来的车撞飞的,照看孩子的家长因玩手机孩子被烫伤的、被车撞的、被水淹的……各种惨烈的事实让人极度痛心!原本用于通讯的一个小小工具,如今怎会跟最宝贵的生命有了如此残忍的联系?

这一定不是我们愿意看到的!

愿更多的父母放下手机,用真心陪伴孩子,体会他们在成长时的喜怒哀乐,用眼睛真切地捕捉大千世界的精彩与繁华,体会时间的流转、世道的伦常,体会世间的烟火滋味……

不被外物奴役、控制,我们才能真正成为生活的主人。

让我们放下手机,用心经营好自己的幸福生活吧!

7.父母送给孩子的三个成长"神器"

每个家长都期待孩子拥有正确的价值观、世界观、人生观,将来成为被社会认可的人。父母是孩子的第一任启蒙老师,父母的"三观"怎么样,直接影响着孩子"三观"的启蒙和形成。

我们家长要想真正引导孩子更好地成长成才,我觉得最重要的是重视家庭教育,并且家长和孩子一起不断修正自己,这样家长才能通过一言一行给孩子传递正能量,让孩子明白自己的责任与担当,使其树立正确的人才观,继而树立正确的价值观、人生观、世界观。

只有树立起正确的"三观",孩子在成长的道路上才会拥有三种不断提升自己能力的、无往不利的"神器":能找准要害驱弊去疾、治病救身的"手术刀";能洞察秋毫、见微知著的"显微镜";能放眼世界、胸怀天下的"望远镜"。

8.好的家教,是父母与孩子并肩前行

父母的成功,是孩子成功的酵母。请不要把人生的赌注押在孩子身上,父母不应是断翅的天使,而应是振翅翱翔的头雁。

家长们应该给孩子更多的陪伴、鼓励和关心,只有采用科学、正确的方法,默默耕耘,才有静待花开的机会,也才有可能享受花开的惊艳与静美。

9.体察孩子的感受,是父母的基本功

为人父母者都有良好的期盼,那就是"望子成龙""望女成凤"。作为高中生的家长,内心的那份渴望只会更加强烈。

作为家长的你,可能现在正对着自家孩子的成绩单,联想着其他家长对孩子无形的炫耀,恨不得煽自己孩子几巴掌。但请您想一想:为什么自己孩子的成绩不尽如人意?您在教育孩子方面是不是有所缺失?在孩子周末回家时,您和孩子坐在餐桌边吃过几次饭?您是否经常用心和孩子交流?在孩子向您诉说心中的苦闷时,您是否认真地倾听过孩子苦闷背后的挣扎?

也许您很忙,可能会以种种理由为自己辩护:您为了工作在应酬,您为了一个项目在奔波……可是家长们,如果您无暇顾及孩子的感受,让他在某个成长期缺失了应该由父母给予的教导与关爱,当孩子迷茫地长大后,若找不到远大的目标和勤奋的动

力,成不了父母期望的"龙""凤",这到底该是谁之过呢?

10.山不转人转,人不变我变

今天和大家分享这样一个小故事。

有一位大师,一直潜心苦练,几十年后练就了一身"移山大法"。有人虔诚地请教:"大师用何神力,才得以移山?我如何才能练出如此神功呢?"大师笑道:"练此神功也很简单,只要掌握一点——山不过来,我就过去。"

小故事,大道理!生活、工作中有很多事情如"大山"一般,是你无法改变的,那怎么办?改变你自己,这个是可控的。教育孩子先从改变自己做起,做个善良的人,做个有道德的人,做一个对社会有用的人。要想改变孩子,家长们先要改变自己,做好表率。只有改变自己,才会改变别人;只有改变自己,才有可能改变周围的环境。

山不转人转,人不变我变。当你转了,当你变了,一切都会转变!

三、养成教育的误区与对策
——家庭是习惯的学校

> 家庭是一所学校,这是没有人否认的。因为,人的命运绝大部分是由家庭决定的。而在家庭的诸多因素中,习惯的养成,无疑又是最具决定性的因素之一。因此,可以肯定地说,家庭是一所培育习惯的学校。
>
> 家长的一言一行、对孩子态度的细微变化,都可能影响习惯的养成。

1. 培养学生的好习惯,我们需要家长的合作

世界级心理学巨匠威廉·詹姆士说:"播下一个行动,收获一种习惯;播下一种习惯,收获一种性格;播下一种性格,收获一种命运。"好习惯会让学生一辈子享受不尽它的利息,坏习惯可能

信心语谭

让学生一辈子都在偿还它的债务,所以帮助学生养成好习惯势在必行。

其一,养成良好的品德行为习惯。自尊自爱,注重仪表;诚实守信,礼貌待人;遵规守纪,严于律己;努力做到"三不"——不带手机玩游戏,不打架斗殴,不早恋等。

其二,养成良好的生活习惯。健康贵在身体,而身体的健康在于饮食、运动与休息。为此,我们要积极引导学生注意劳逸结合,三餐规律、适量并富有营养,少挑食,少吃零食,少喝饮料,多吃新鲜水果和蔬菜,爱护自己的身体。

其三,养成良好的学习习惯。如养成认真预习、制定计划、认真听讲、用心纠错、多思多悟、认真书写、手脑并用、独立完成作业、按时作息等习惯,以提高学习效率。

时代在发展,教育在变革,对人才培养提出了更高的要求。现在的孩子独生子女多,从小娇生惯养,使得习惯养成教育变得更加复杂乃至艰难。学校很多工作的开展需要家长的大力配合才能更有效,老师和家长极有必要携手并肩,共同帮助学生养成良好的习惯。

为了孩子健康成长和更好的发展,让我们家校牵手,培养孩子良好的习惯,帮助孩子创造幸福未来!

2.习惯养成越晚,教育成本越高

许多事实证明,对孩子的教育首先从培养好习惯做起。若家长在孩子小的时候一味对其放纵,不与他沟通、玩耍,不注重孩子良好习惯的培养,只顾忙自己的工作与事业,等到想弥补的时候,机会就少之又少了。

台湾学者龙应台认为,为人父母大约只有十年的"有效期"。

若家长错过"有效期",想等孩子长大后再对其管束,到时可能有些孩子已经开始叛逆了,那时候孩子会更难管,教育成本也会更高。

奉劝各位家长,在教育孩子的"有效期"里尽职尽责,少些忙碌,少些应酬,多些陪伴,多些沟通,尽可能多地培养其良好的生活和学习习惯,相信我们的孩子会愈发优秀!

3.孩子是否有良好的习惯,关乎孩子一生的成败

家长把自己孩子的一切都交给老师,这是不可取的。老师们会努力培养学生的良好习惯,但如果没有好的家庭教育的影响,老师的工作很可能事倍功半。麻将桌旁、电视机前长大的孩子肯定和爱看书的家长教育出来的孩子,差别很大。这就是为什么很多家长边看电视边督促孩子认真读书时,收到的往往是强烈的反抗……

请这些家长们想想,自己都做不到的事情,怎么能强迫孩子做到呢?积极进取、有良好生活习惯的父母养育出来的孩子,大多数都是热爱学习、能够合理安排自己时间的"小大人儿",会让父母在教育上省很多心。

家长们,当你对孩子为什么有那么多坏毛病而百思不得其解时,先好好检讨一下自己,也许就会找到根源所在!

4.好习惯是父母对孩子最深情的馈赠

与其为孩子留下丰厚的物质财富,不如帮助孩子从小养成良好的习惯。给孩子养成好习惯胜过拥有家财万贯。作为家长,我们应该铭记:多一种好习惯,孩子就会多一份自信心;多一种好习惯,孩子就会多一份成功的机会;多一种好习惯,孩子就会

多一种享受美好人生的能力。

5.为孩子找到正确的进步参照物

跟大家分享一则小故事。

两名工人一起去清扫工厂里的大烟囱，烟囱只有踩着里面的钢筋踏梯才能上去。甲工人在前面，乙工人在后面。他们抓着扶手，一阶一阶地爬上去了。下来时，还是甲工人在前面，乙工人紧跟其后。他们钻出烟囱，发现一个奇怪的事情：甲工人后背、脸上全都被烟囱里的烟灰蹭黑了，而乙工人身上几乎没有烟灰。乙工人看到甲工人的样子，就赶紧洗了洗脸和手。而甲工人看到乙工人身上很干净，就认为自己也一样，因此只是草草洗了一下手就大模大样地上街了，结果街上的人都认为他是个疯子。

小故事，大道理！在人生道路上，我们需要为自己确立正确的参照物，也就是一面照到自己的"镜子"，通过它来看清自我。有了正确的参照物，才会有正确的方向和行动。切忌盲目地与别人比对，家长教育孩子也是如此，不要老拿孩子与别人比，要为孩子找到属于他自己的参照物，然后推动他不断完善，成长自我，一步步接近最好的自己。

6.冷暴力下无优生

由于有个体差异，孩子们免不了成绩有好有坏。家长应特别尊重孩子，一定要多帮孩子树立信心，做孩子成长过程中强有力的后盾，而不是一味地给他"泼冷水"，否则会使他对学习产生反感。曾有孩子这样写道："如果我考试成绩不理想，爸妈肯定会阴沉着脸，这对我的自尊心杀伤力是100%。""我最不能容忍的是父母对我藐视的态度，那时侯我就想对他们说，你们有没有考虑过我的自尊心？你们以为我不想考好吗？""我惧怕考试,怕回家看到爸爸失望、冷酷的脸。"

各位家长们,请多听听孩子的心声吧,不要一味地去斥责孩子,多帮助他们分析存在的问题,寻找对策,那样孩子才不至于产生逆反心理,才愿意和你交流。面对行为习惯差的孩子,家长不应该一味地责备,更不应该放弃,要善于发现他们的长处,多鼓励,给他们以自信,培养他们积极乐观的人生态度,并耐心地引导孩子正确地看待自己的不足,共同制订计划,帮助他们改正缺点。

希望每一位家长切记:对孩子要有信心,只要方法对,只要孩子勤奋努力,孩子一定会成为最好的自己。我相信:最好的老师和家长一定会用"耐心"这份最深沉的爱去助推孩子迎接胜利的曙光。

7. 诗书继世,才能福泽绵长

杨绛曾说,对女儿钱瑗读书,她很少训示,女儿见母亲和父亲嗜读,也猴儿学人,照模照样拿本书来读,居然渐渐入道。

古往今来,无论在富商巨贾还是贫寒百姓之家,其子女能成人成才乃至成为社会栋梁,并且家族人丁兴旺、延传百年,无一不是非常重视学习教育的结果。

现在物质生活富足,越来越多的父母想尽各种办法给孩子打磨"硬件"——报培训班、上名校,而"软件"——家庭氛围营造和父母表率示范,做得又如何？在今天,这一点显得尤为重要。

如果家里有学生,希望家长们尽量给孩子创造一个安静的环境,安下心来多陪伴孩子(哪怕每天只有半个小时),给处于人生重要成长时期,特别是面临高考的孩子一份最实际的行动支持。

孩子有希望，父母就有希望，家就有希望。愿每一个望子成龙、望女成凤的家庭中飘满书香。

8.莫把任性当个性，扶正祛邪是担当

"为什么我们的学校总是培养不出人才？"这是著名的钱学森之问，也是中国教育事业发展的一道艰深命题。

面对类似的问题，现在关于中国教育方式和体制的批评可以说此起彼伏。有的人把批评的重点放在了所谓"泯灭个性"的教育上，致使一些家长在认识和实践上存在着严重误区，再加上部分家长对独生子女的娇纵，种种因素相互作用导致出现了不少非常有"个性"的孩子。

什么是个性？所谓个性，就是一个人在思想、性格、品质、意志、情感和态度等方面不同于其他人的特质。

有的家长把个性的独特和与众不同，理解为让孩子凭秉性行事，甚至把任性当成了个性，纵容孩子恣意妄为；还有的父母对个性认识不清，认为"倔强""要强""自私""固执""浮躁"的人很有个性，而"文雅""平和""谦让""随性""沉稳"的人没有个性。这说明部分家长在反思问题和改善现状的时候，恰恰与正确的教育方式背道而驰了。

在一个家庭中，孩子身心都未成熟，良好的个性并未完全形成。优秀的父母应该在孩子成长的过程中发现孩子的独特个性，发展它，培植它，同时帮孩子改善不良的个性，而绝不是纵容孩子的任性。

个性会影响孩子一生的成长和发展，希望各位家长既要尊重孩子的个性，针对孩子的不同特点因材施教，又要加以适当地平衡和规范，让孩子全面发展，促使孩子健康地成长。

9. 好孩子都是管出来的，熊孩子都是惯出来的

孩子之所以是孩子，就在于他缺乏自觉性，因此在教育的道路上，家长永远不要单纯指望孩子能"自觉"！

"玉不琢，不成器。人不学，不知义。"想培养出一个优秀的孩子，那就要及早给他恰到好处的管束。管束的范围包括方方面面，比如不能事事有求必应，不允许孩子虚度与放纵，要求孩子懂尊卑、解人心等等。

其中有一点对孩子的学习影响很大，那就是早恋，所以请家长告诫孩子：中学生不要谈恋爱，把打拼未来的宝贵时间浪费在花前月下的虚幻美好中，太不划算，而爱情什么时候都可能有。女生光彩照人，才华横溢，将来不会缺少追求者；男生意气风发，事业有成，不怕找寻不到佳人。

家长们，请教导孩子：你只管负责精彩，老天自有好的安排。

请不要相信"树大自会直"，这仅是吝啬付出的父母寻求心理安慰的借口而已。希望家长们充分认识到及早教育、管束孩子的重要性，把教育孩子当成最重要的事业来做。到时，有出息的孩子可以带给你们莫大的欣慰，孩子的优秀也能弥补你们一生的缺憾。

10. 教养是立足之本，知书是高贵之基

真正高贵的不是出身，而是教养。有教养的人，衣着举止得体，知书达理，做事有分寸，懂得自尊与尊重他人。教养是一笔珍贵的财富，在生活中有良好教养的人，就好像阳光，带给人温暖和幸福，相处起来让人觉得更舒服，更能赢得别人的认可和尊重。可以这么说：教养，是培养孩子成人的灵魂，是教育孩子成材的基础。这是一笔珍贵的财富,与其给孩子留下财富,不如把孩子变成财富。

所以,教养是父母给孩子最好的礼物。

愿家校携起手来,让每一个从四中走出去的学子,男生有绅士风度,女生有淑女风范。

11. 别把自私当天性,"熊孩子"最终害人害己

曾有朋友描述发生在电影院的一幕。

任性的孩子在座位上蹦来蹦去,长时间笑闹,招致周围正在观影的多人不满,大家要求妈妈约束一下孩子,而妈妈以"孩子天性就是这样啊"予以回应,对孩子的举动置之不理。整场电影放映的两个小时里,因为一个孩子,大部分观众都很闹心,最终悻悻而归。

当前在部分人心中,有种被"捧上天"的教育,叫"释放孩子天性"。孩子可以乱跑,可以胡闹,可以肆无忌惮地大声喧哗。这些家长将孩子身上所有的特点,都归之为"天性",无论是好还是坏,都认为具有天然的合理性,不可辩驳,不可压制。于是,一个个"熊孩子"随之诞生。

这种无视规则、没有敬畏意识的天性释放贻害无穷,越来越多的悲剧因此而酿成,这其实是在毁掉孩子!

各位家长,在我们学校也有个别同学上课、上自习说话,宿舍熄灯后仍然喋喋不休,打扰其他同学学习和休息,在同学中产生了非常不好的影响,而他自己却不以为意,人际关系逐渐僵化。这就需要各位家长跟学校配合,让孩子树立规矩意识,敬畏制度,尊重他人,养成良好的行为习惯,这样孩子才会有更加广阔的发展前景!

12."放养思维"下的"三观"缺失

有的家长因为自己不会教育孩子,就按照一些专家的方法对孩子进行"放养":孩子几点起床,几点睡觉,他们从来不管,因为他们觉得孩子有对自己负责的意识;至于学习,兴趣是最关键的,绝不对成绩做任何强求;其他方面也都是孩子任意为之……长此以往,这样做的弊端会逐渐显现:孩子缺乏自控力,往往沉迷于网络、手机游戏和视频,从而浪费了大量宝贵的时间,最终很少人有特长,成绩也普遍非常差。

孩子被放养毁掉的例子,不胜枚举!我从不怀疑,孩子有自我管理的意识,我认为可能性更大的是孩子的自律意识并没有想象中那么强,却被很多父母无限夸大。可能到最后,不是孩子控制了命运,而是手机和玩心等控制了孩子。

一个不懂得自律的孩子,很难形成良好的学习习惯,是永远不会有好未来的,而家长在孩子习惯养成、个性形成的关键期内对孩子实行放养,纵容孩子追逐所谓的"自由",只会让孩子丧失最基本的控制力。在未来的社会中,这样的孩子也没有任何竞争力。

所以,树大不一定自然直,当孩子早期缺乏自律的时候,家长应该全面担负起监管责任,若在他们个性及"三观"形成后再想要改变,就难上加难了!

家长们,要想孩子成为一个优秀的人,从培养他们的自律意识开始吧!

13."专注力"是孩子发展的"脑白金"

常言说:"自家的孩子,人家的庄稼。"说的是人们总觉得自己的孩子比人家的好,自己的庄稼总不如别人的好。但放在家庭教育上,这种思维却往往倒了过来。面对成绩达不到家长期望值的孩子,父母最常见的一句话就是:"你看看人家某某","谁家的某某真省心,不用管"……

是的,生活中,太多的家长很困惑:为什么别人家孩子的成绩一直那么优秀,但是自家孩子的却总是不理想呢?

大量事实告诉我们,成绩好的孩子几乎都有一个共同特点——专注。无论是上课听讲,还是做练习或者做作业,他们都心无旁骛,全神贯注。并且,因为做事专注,这些孩子将来会因能深入钻研而更容易有建树,他们的人生会更成功。

那为什么有的孩子不专注呢?导致不专注的因素有很多,有性格的影响,也有家庭环境等方面的作用,而目前非常突出的因素是社会上诱惑太多,特别是各种带游戏的电子产品,吸引了孩子们较多的注意力,干扰了他们正常的学习。

在孩子自制力还不够强大的情况下,家长们应该尽可能排除影响孩子的各种不利因素,为他们提供良好的学习环境和氛围,帮孩子立下规矩,确立目标,制定计划,提升内动力,培养孩子高度的专注力。只有这样,才能使其养成良好的习惯,从而提高学习成绩,将来才更有可能取得成功。

14.失败的家教之怪现状

我经常在大街上看到一些送娃上学的妈妈,她们肩上背着书包,手里拎着提包,怀里抱着各种各样的杂物,一边走路带风,一边不停地催促:快点快点,要迟到了!而身边那个孩子,手里玩着玩具,眼睛左顾右盼,虽然被妈妈逼迫着,催促着,却一脸事不关己、岁月静好的模样。

请大家想一想：受教育的对象应该是谁？最该努力的人是谁？毫无疑问都应该是孩子！但是反观教育现状，最最努力的人是谁呢？是孩子家长！

无数鲜活的例子证明，失败的教育离不开这三个原因：孩子不努力，爸爸不出力，妈妈用蛮力。这也是典型的中国式家庭模式：缺失的爸爸＋焦虑的妈妈＋问题孩子。

作为父母，一定要充分认识到，教育孩子是父母双方的事情，是整个家庭的事情，只有整个家庭朝着共同的目标一起用力，孩子才不会偏离正常的人生轨道。

作为家长，我们同样要明白，不管采用什么教育方法，如果没有唤醒孩子本身的求知欲，如果没有调动他们的内驱力，让孩子发自内心地去努力，我们做得再多也是"越俎代庖"，做得再好也是"拔苗助长"。

只有尊重教育规律，父母做孩子的好榜样，培养孩子良好的品格和行为习惯，充分调动孩子的积极性和主动性，教育才会变得从容，父母才可以"静待花开"。

15.让信心成为最有温度的有力陪伴

旅美学者薛涌在其著作《一岁就上常青藤》中说："每个孩子都是个天才。父母的责任是发现他是个什么样的天才。你把孩子当天才，他才能成为天才。即使确实不是天才，一个相信自己是天才的孩子，也有着更高的自我期望值、更远大的理想、更充分的信心，即使最终不可能有天才的表现，也能淋漓尽致地发挥自己的潜力。"

他的观点与信心教育的理念不谋而合。父母相信孩子能行，孩子必然怀着巨大的信心，做什么事都敢于尝试，敢于迎接挑战,也敢于面对失败,更能理性地正视自己的不足,这将为其养精蓄锐后总结经验、吸取教训,再次向困难发起冲击做好充分准备,这样的孩子必然更容易被成功青睐。

孩子是家庭的希望,愿家长们在与孩子的沟通交流、高质量陪伴中,发现孩子的优势,挖掘孩子的潜能,因势利导,助推孩子的健康成长。

同时,在教育孩子的过程中,善待孩子,不体罚不挖苦,既严格要求,又从小培养他们良好的心理素质。其中,家长们都有能力赋予孩子的成功秘笈就是,培育他们强大的信心,"我行,我能行,我一定能行!"的坚定自信,将是孩子人生路上最温暖、最有力的陪伴,也是他们未来取得巨大成功的黄金元素与制胜法宝!

16.教育的最终目的是让学生成为他们应该有的样子

如果是树木,培育其长成栋梁之材;如果是庄稼,培育其结出丰硕的果实;如果是小草,培育其茂盛地生长;即便是苔花,也让其如牡丹般盛开。

现实生活中,人们往往都希望把孩子培养成大人物。事实上,大多数情况下这种愿望并不现实,但是父母可以多鼓励孩子,让他们通过努力,不留遗憾,成为最好的自己,这样便是成功的教育。

17.成绩的比拼,在很大程度上是学习习惯的比拼

拥有良好学习习惯的学生,不管身处哪种学习环境,一般都能取得优异的成绩。请家长们不要只关注孩子的考试成绩,而要始终注重孩子良好习惯的培养。

期中考试只是一个阶段性的检测,无论孩子成绩如何,家长

们都不要患得患失。一次的考试成绩,不代表孩子全部的学习状态。希望我们能共同努力,重视培养孩子好的学习习惯,让孩子继续朝着更高的目标阔步前进!

18.帮他们养成规则意识,是对孩子真正的尊重

热爱孩子,首先从尊重孩子、允许孩子犯错开始。但是,过犹不及,真正的爱孩子,是不能娇惯孩子的。家长应帮助孩子养成规则意识,在成长的不同阶段,应为其树立不同的规则,按照规则严格要求。如果破坏规则,要有及时的惩戒。在孩子成长过程中,"严"和"爱"是一个有机的整体,是缺一不可的,既严又爱才会将孩子培养成既明事理又识大体的人。

19.今天甘于苦读,是为了将来不必为养家糊口而奔波

如果说,一定程度的吃苦是人生不能省略的必由之路,那么,这条不能省略的路就是"苦读"。孩子天性贪玩,他们在年少无知时,常常以为学习是天下最熬人的"差事",很多人觉得读书太苦了,对于父母"好好读书"的嘱咐也常感到厌烦。

当今孩子生活优越,他们哪里知道:现在不吃读书的苦,将来要经历的生活磨难、要吃的生活之苦,与学习相比,可能有千倍万倍!一个没有学历、没有一技之长的人,为了养家糊口,只能做最基本的体力活来艰难度日……

世事沧桑,生活不易。总有一天孩子会明白:读书,才是最容易成功的那条路!他们今日为读书吃的苦、熬的夜,都会铺成一条宽广的路,带他们走向自己向往的美好生活。

人生有很多"后知后觉","没好好读书"便是其中之一。

为人父母,再爱孩子也一定要让孩子吃读书的苦:在他们想

偷懒时及时督促，在他们想放弃时及时鼓励，防止他们在求学路上半途而废，避免因一时失误而遗恨终生。

20. 坚持一贯，重于输赢起跑线

以前常常听到一些家长在讨论，不能让孩子输在起跑线上。其实，人生就像马拉松比赛，起跑固然重要，但能否最终取胜，我认为不在于瞬间的超越，而取决于途中的坚持。无论是谁，决定其最后成功的关键，都是他持久的毅力和不懈的坚持。

当孩子遇到困难或者心生懈怠时，作为孩子最好的导师，家长们首先要做的是耐心倾听孩子的烦恼，让孩子尽情宣泄自己的情绪。然后，帮助孩子寻找解决困难的途径，陪伴、鼓励孩子坚持再坚持。久而久之，孩子一般都能养成坚持不懈的良好品质。

家长一定要让孩子明白：学习是一个需要耗费心力的过程，纵有千百个理由放弃，也要找一个理由坚持下去！

并且家长要让孩子经常提醒自己：身边比自己优秀的人都那么努力，自己能做的只有更加努力！

我们要坚信：最后的胜利者一定是矢志不移的坚持者！

21. 家庭教育之"开学衔接'五项基本原则'"

新学期，新起点，新征程。在新学期开学之前，家长如何帮助孩子走出假期状态，顺利进入新学期的冲刺，是一种需要掌握的能力。

（1）在开学前，家长可以跟孩子交流互动、深度畅谈一次，取父母和孩子对开学规划的最大公约数，可以以文字或视频的形式记录下来；

（2）引导督促孩子做好开学的学习规划和情绪准备，以饱满的精神、平和的情绪迎接新学期的到来；

（3）建议家长在开学前的一个星期，有意识地降低孩子在家里的舒适度，对孩子的自由度稍加限制；

（4）按照学校的作息时间提醒孩子起居，按照和孩子事先达成的约定，让孩子安排好复习、预习时间，使其在家的生活更加接近学校的生活，让其重新熟悉学习的感觉；

（5）家长还需要督促孩子检查自己的作业是否完成，及时总结假期生活，再次明确、优化新学期的学习目标等，以与下一学期的学习、生活做好衔接，争取未来取得长足进步。

22.教育从培养好的习惯开始

叶圣陶先生说过：什么是教育？简单一句话，就是养成良好的习惯。我们在信心教育的实施过程中，非常重视养成教育、感恩教育等。其中"养成教育"就是让学生尽快端正学习态度，养成良好的学习习惯、思维习惯、生活习惯和文明礼貌习惯，掌握正确的学习方法，提高健康生活的意识。

成功的养成教育，是学生各个阶段学习成绩优秀和健康成长的重要保障！

23.父母思想的高度决定孩子人生舞台的宽度

作为家长，我们都希望自己的孩子快乐，但那并不意味着什么事情都让孩子决定，因为孩子还没有足够的见识和能力做出有利于他们一生的选择。即使成为了中学生，心理也还不够成熟，还没有树立起正确的"三观"，有时候甚至还比较自我。

在这个时候，我们要采取正确的教育方式，多给予孩子正确的引导，适时地提出合理的建议，努力做到以下"六要"，为孩子

未来幸福奠基。

一要引导孩子做好人生规划,选对方向,明确目标,制定行动计划。在他成长的关键期"逼"他坚持,免得将来他埋怨你、折腾你甚至嫉恨你。

二要引导孩子养成良好的习惯,形成优秀的品质,教育孩子不要任性。

三要多欣赏孩子的优点,培养其自信心和成就感。尤其当孩子处于青春期时,用指责和挑剔的方式不利于培养他们独自处理事情、思考问题的能力,影响其健康成长。

四要引导孩子主动学习,多一些陪伴,跟孩子一起学习,一起成长,一起变得更加优秀。

五要引导孩子主动沟通,与孩子建立亲密温暖的关系,营造温馨和谐的家庭气氛,充分尊重孩子。好的亲子关系胜过简单的说教。

六要引导孩子承担一定的责任和义务,孩子会更独立,更有主见,更宽容,更有责任心,更能够理解他人。

父母是孩子最好的老师,父母思想的高度决定着孩子人生的宽度。愿各位家长多给孩子提供受用一辈子的精神给养,在给予孩子健康生命的同时,让孩子拥有"过自己喜欢的生活"的能力!也期盼每个孩子都有足够的幸运,被家长"发掘"出无限潜能,赢得光明的前途!

24.家庭教育中"比较"的学问

有的家长总是抱怨孩子这也不行那也不行,总拿着自己孩子的不足和别人孩子的优势作比较。说得多了,孩子的内心就会受到伤害,严重影响自信心的建立。

"比"在教育中是一门大学问,需要父母客观理性。

善于比较的父母,会先弄清自己孩子的特点,因势利导。有的孩子天生是一棵大树,有的孩子生来就是为这个世界带来芬芳的鲜花,不可一味地用一个标准去要求,去比较。父母要善于发现孩子的天赋,在孩子擅长的领域里挖掘潜能。着眼于孩子的长远发展,多为孩子创造"我能行""我会做"的体验机会,让孩子充分体会做好一件事所带来的成就感,从而自我鼓励,自强进取。

善于比较的父母,会启发孩子多和自己的过去比,慢慢提升。海明威说过:人最高贵的不是优于别人,而是优于昨天的自己。多关注自己孩子每一个微小的进步,对于孩子付出了后天努力而取得的进步,哪怕再微乎其微,父母也要及时地表扬、鼓励,让孩子感受到收获的快乐。

善于比较的父母,会鼓励孩子同优于自己的孩子比,见贤思齐。以优秀的孩子为榜样,客观分析自我,努力向他们学习,这对孩子的发展是极有益的。但一定要注意比较的方式方法、鼓励的语气等,千万不可一再地苛求孩子,以别人之长打击自己孩子之短。

善比者,比是一种促进;不善比者,比是一种伤害。希望我们正确引导,让每个孩子都能在自己原有的基础上得到更优质的发展!

发展人性

信心语谭

一、强大的信念,是破解命运密码的钥匙
——即使在无人问津的日子,仍然向往诗和远方

> 没有一个险峰不可逾越,没有一个春天不会来临。
>
> 所有征服命运的佼佼者,无不坚守了信念的力量。
>
> 内心充满阳光,世界就是温暖的。

1.让我们为了理想的生活而不懈拼搏

张闻天有句话:生活的理想,就是为了理想的生活。人总要有自己的目标和理想,并为之不懈努力,不懈奋斗。于枯燥中不倦怠,于迷茫处不徘徊,在失意时不悲观,生活就会处处充满生机。

生活是如此美好,奋斗是如此快乐。为自己,为他人,为日新月异的时代,让我们背起行囊,迎着希望,为了梦想坚定执着,为了理想迎难而上。踏上有目标引领的宽阔大道,在成功中品味拼搏与进步的快乐!

2.明是非,知对错,奋斗路上的基本功

人生这道复杂的高能物理题,其解题过程并不复杂,只需记住那些关键的要素——不忘努力和拼搏,懂得付出、感恩、执着、坚强、有信念,就会得到令人满意的答案。

题目是一样的,解题的过程却千差万别。正因为如此,坚持那些对的,才是最重要的。而在纷繁万事中,明辨哪些是对的,哪些是错的,哪些该做,哪些不该做,则是欲成功者的基本功。否则,再多的努力,也可能南辕北辙。

3.有智慧的人总是把嘴巴放在心里

静坐常思己过,闲谈莫论人非。有智慧的人总是把嘴巴放在心里,而愚昧之人反而把心放在嘴上。

要虚心学习别人的优点,多看别人的长处。不要忌妒别人,因为忌妒不仅不会减损别人的成就,而且也不会给自己增加任何的好处。

4.凡事提前做好准备,你的人生就会变得与众不同

成功者之所以成功,也许只比别人提前了几分钟而已:上班提前五分钟,使你准时进入工作状态;开会提前五分钟,稳定情绪,发言把握性更强;约会提前五分钟,能体现出对他人的尊重……

信心语谭

正是由于你抓住了比别人提前一点的优势，才让你的每一步都走得自信而坚定。凡事提前几分钟，积少成多，不断累积的结果将让你的一生受用良多。

5.主动，让关系更和谐

今天和大家分享这样一个小故事。

一个卖棉被的，一个卖包子的，在一个寒冷的夜晚同时住进了一家破庙。两个人互不理会，一个吃饱了包子睡在庙里东南角，干冷着！一个盖上被子睡在了西北角，干饿着！两个人心想：要是对方主动找我，我肯定和他合作。结果第二天早上，一个冻死了，一个饿死了！

小故事，大道理！请记住一句话：我主动联系你，不一定是求你，也可能是帮你。帮助他人快乐自己，帮助别人也是帮自己！

6.懂合作是大智慧，善合作是大本事

无论哪一种行业、哪一个工种，合作都非常重要。没有合作之心的人，不会取得真正的成功。

有什么样的情怀，就有什么样的处世方式；有什么样的期许，就有什么样的行为。因此，若强调个人发展与竞争，一定要依靠环境和伙伴的合作：学会沟通，学会倾听，彼此理解，相互支持，分享经验，携手共进，共赢共生。

7.生活处处有学问

今天早上下雨，拿起雨伞的那一刻，想起了朋友发过的一则寓言：雨伞说，你不为别人挡风遮雨，谁会把你举在头上？雨鞋说，人家把全部的重量托付给了我，我还计较什么泥里水里的？

这则寓言告诉我们,要跟雨伞学做人,跟雨鞋学做事:人要学会感恩,学会付出,学会包容,学会担当,学会站在别人的角度考虑问题。这是做人普遍适用的道理!

8.人身一容器,内涵我做主

今天和大家分享这样一个小故事。

有位木匠砍了一棵树,把它做成三个木桶:一个装粪,就叫粪桶,众人躲着;一个装水,就叫水桶,众人用着;一个装酒,就叫酒桶,众人品着!

小故事,大道理!桶是一样的,因装的东西不同命运也就不同。人生亦如此!有什么样的观念就有什么样的人生,有什么样的想法就有什么样的生活!教育、求学,就是改善自身这个容器内涵的过程。在不断的学习过程中,学识会转化为价值能量,实现从量变到质变的飞跃。

所以,我们要教育孩子长更大的志气,抱更大的理想,负更大的责任!

9.没有勤奋,天赋归零

只要细心观察,我们就不难发现,很多平庸甚至落魄的人,偶尔能在口才、艺术、体能等方面表现出很好的天赋,但终其一生,却毫无建树。此类现象,不能不引起我们的深思。

今天和大家分享一个故事。

曾国藩小时候的天赋并不高。有一天他在家读书,对一篇文章重复了不知道多少遍,始终没有背下来。这时候闯入了一个贼,潜伏在他的屋檐下,期望等读书人睡觉之后捞点好处。但是等啊等,就是不见他睡觉,还是翻来覆去地读那篇文章。贼人大怒,跳出来说:"这种水平读什么书?"然后将那文章背诵一遍,扬长而去!

细想一下,贼人有天赋无勤奋,只能成为贼;曾国藩天赋不够好却懂勤奋,从而成为毛泽东、蒋介石都钦佩的人。这个小故事告诉我们:"勤能补拙是良训,一分辛苦一分才。"任何成功都由勤奋决定或由勤奋助力,只要你坚持,日积月累,聚沙成塔,奇迹就能够创造出来。反之,没有勤奋,天赋也要归零。

一勤天下无难事,勤奋是求学者从普通人到行家、再到大师的必由之路。

10."知戒""行戒",汇聚成功的力量

长期以来,我们忽视了"戒"的巨大力量。

什么是"戒"?

戒就是规则,戒就是纪律,戒就是知所不为,戒就是知止!

只有做才会有收获,是尽人皆知的道理,但不做的重要性却鲜有人知。

知道不做什么,及时停止不该做的行为,才能将力量汇聚于该做的事情上。长期坚持,就会不断积聚出可成大事的巨大力量,助人步入成功的巅峰。

作为中国近代政治家、战略家、理学家、文学家的扛鼎人物,曾国藩因为在学问和事功方面的成就而备受后世推崇。倘若读懂曾国藩的人生之"六戒",你就登上了通往成功的康庄大道,并且,这种成功将超越世俗的定义。今天特分享曾公之"六戒",以助你人生处处平坦,顺遂。

第一戒:戒贪得无厌,久利之事勿为,众争之地勿往。

第二戒:戒以小恶弃人大美、以小怨忘人大恩。

第三戒：戒说人短而夸己长，说人之短乃护己之短，夸己之长乃忌人之长。

第四戒：戒独享利益，利可共而不可独，谋可寡而不可众。

第五戒：戒懒惰自满，天下古今之庸人，皆以一"惰"字致败；天下古今之才人，皆以一"傲"字致败。

第六戒：戒心机太重，凡办大事，以识为主，以才为辅；凡成大事，人谋居半，天意居半。

11.努力是你精彩人生的护身符

"这个人不一般！"这是人们对强者的评价。其实，世界上并没有什么不一般的人，他之所以不一般，不过是付出了一般人没有付出的努力而已。

所以，你，也可以成为不一般的人。

人与人的差别主要不在智商，而在于付出努力的多少。虽说有时我们努力了，不一定会有理想的结果，有结果也不一定会"立竿见影"，但不努力就一定感受不到成功的喜悦。

努力意味着什么？努力意味着比别人更多的勤奋刻苦。人之所以能成功，一定是付出了比一般人更多的辛勤和汗水。所谓的运气和机遇，一定都有刻苦和勤奋形影相伴。与其思虑十年后你过得怎样，不如做好现在：不偷懒，每天勤勤恳恳，好好读书。

努力意味着比别人更加坚持不懈。生活就是这样，坚持着坚持着，就会出现奇迹。有的时候，你离金矿也许只有一车土的距离，所以，不到最后一刻，不能轻言放弃。一旦放弃，梦想家就成了空想家；一旦放弃，就前功尽弃。

12.努力是为了改变,变则通,通则久

古往今来,但凡辉煌的人生,无一不是通过恒久努力改变现状的结果。努力既是指为了自己的目标不断奋斗,也是指不断充实、丰富自己,不断突破现状,使明天的自己比今天的自己更优秀。

努力是对自己的人生负责,生活决不会辜负每一个努力的人,即便最后失败,我们也能没有遗憾,坦然面对。

人生路不可能一帆风顺,没有人生来就拥有一切,但是不停地努力,就是不停地"改变",不停地"拥有希望"。当努力成为你人生的常态,那你的生活就一直充满希望。

我们全力以赴地努力学习,努力工作,不是为了美化别人对我们的印象,只是为了让自己的生命更有意义,让人生更加美好。

13.喜欢喊累的人站不上高处

我们无需告诉别人,生活有多难,工作有多累。一般来讲,外人只关注你飞得高不高,不会在意你飞得累不累。

无论多难,我们都要明白:做该做的事,走该走的路,不退缩,不动摇。并且无论何时何地,我们一定要认识到持之以恒的重要作用,坚定地告诉自己:哪怕每天进步一点点,也比原地踏步强百倍!坚持不懈才会让每天的努力都有意义。

请永远记住这样一句话:水不动就是死水,人不动就是废人。

舞台再大,自己不上台,永远是个观众;平台再好,自己不参与,永远是个局外人;能力再大,自己不行动,只能看别人成功。天上不会掉馅饼,只有真正参与、勇于实干、敢于拼搏、认真努力的人才能梦想成真!正如有人说的那样,你总得熬过无人问津的日子,才能拥抱你的诗和远方。

14.学识和阅历,都藏在你的气质里

读书是精神生活的重要组成部分,也是人生永恒的主题。一个人能力和素质的高低,最终取决于能否锲而不舍地坚持读书学习。

胸有文墨怀若谷,腹有诗书气自华。你读过的书、走过的路、做过的事,都藏在你的气质里。读书,未来一定会让你遇见更好的自己。

15.负责,让人生更完美

勇于负责的人,对单位有着重要的意义。人的工作能力有大小,但是一定不能缺乏责任感。一个勇于负责的人,在任何单位、任何岗位都会受到欢迎和尊重。反之,凡事推三阻四总找客观原因而不反思自己甚至还发牢骚的人,必然会失去领导和同事的信任。

做主动工作、勇于负责任的人,从而在充实中收获快乐,收获价值,在成就别人、成就单位的同时,也成就自己,人生也就会更加完美。

16.惰性使你生锈

每个人都是有惰性的,所谓的战胜自己,实际上就是战胜自己的惰性。

忙的时候是累了点,但为有意义的事情忙碌就会充实满足;闲的时候虽然舒服,但人闲得久了就会更加怠惰,就会"生锈"。

一个碌碌无为的人,当他失去了改变现状的决心和锐气,最

容易用"平凡与低调是人生之福"来麻醉自己。

平凡、低调、内敛，本是对成功人士的劝勉与告诫，以防其陷于骄纵逸乐之中，而庸庸碌碌甚至连真正的理想抱负都没有的人，挂在嘴边的"平凡"，只能是安于"平庸"的托词。请不要在该奋斗的年纪选择安逸，切忌碌碌无为还自欺欺人于"平凡可贵"。

17. 有品才有范

人品，就是人的品质，品质是立人立业的根基，所以人无品不立。

人品，永远放在第一位！人品，永远比能力重要！

有了好人品，才是真正的成功！一生做好人，才是最强的本领！

没有才华，尚可补救；没有人品，人才归零。

18. 有一种大境界，叫忠于人品

一个人真正的资本，不是美貌，也不是金钱，而是人品。人品是生命里"含金量"最高的通行证。

"子欲为事，先为人圣"，欣赏一个人，始于共鸣，陷于才华，忠于人品，可见人品对一个人的重要性。

好人品是一个人最宝贵的财富，它构成了人的德行，铸成了人的身份品牌。它是一个人真正的"豪华套装"，是每一个人的"黄金招牌"。

做一个品学兼优的青年人，请从当下的磨砺和修炼开始吧。

19. 聪明人也得下笨功夫

国学大师钱穆说："古往今来有大成就者，诀窍无他，都是能人肯下笨劲。"胡适也说:"这个世界聪明人太多,肯下笨功夫的人太少,所以成功者只是少数人。"

说起钱钟书的满腹经纶,人们往往归功于他的天分高,记忆力强。其实,钱钟书学问博大精深,更多是来自后天手不释卷的苦功。有些人可能不知道,他进入清华大学后,目标是"横扫清华图书馆",他的治学心得是"越是聪明人,越要懂得下笨功夫"。

20.辉煌之路都是苦涩的汗水铺就的

人如何能实现价值?这不禁使我想起一则寓言。

同是两根竹子,一根做成了笛子,一根做成了晾衣杆。晾衣杆不服气地问笛子:我们都是同一片山上的竹子,凭什么我天天日晒雨淋,不值一文,而你却价值千金呢?笛子回答说:因为你只挨了一刀,而我却经历了千刀万剐,精雕细做。晾衣杆顿时沉默了。

人生亦是如此。经得起打磨,耐得住寂寞,扛得起责任,担得起使命,人生才会有价值。当看见别人辉煌的时候,请不要嫉妒,那是因为别人付出的比你更多。

21.让自己的故事写满精彩

当你经过奋力拼搏而成功时,你的故事里便写满了精彩;当你因为不思进取而失败时,你的故事中就充斥着灰暗。

当你全力以赴了,你的故事将会是你一生永存的骄傲与留恋;当你半途而废时,你的故事里只剩下旁人的惋惜与嗟叹;当你未曾尝试而拒绝时,你的故事将会被留白的遗憾填满……

如果你对目标连想都不敢想,那么你连输的资格都没有了。若你努力依旧,前方必有美丽守候。

22.人生如茶

无论要做成什么事都需要坚持,有坚持才会有成效,有成效才会有成就感,有成就感才会继续坚持。良性循环,久久为功,方能养成良好的习惯。

人的一生好比品两杯茶,一杯苦涩,一杯甘甜。如果先喝甘甜的那杯,在味觉的对比下,后面的一杯就更苦涩难咽。若先喝苦涩的那杯,待喝到甜茶时,就会感到甜蜜无比,幸福感溢满心田。我们可以给学生找身边优秀的案例,讲他们成功的故事,尽最大可能让学生深切体悟到:今天不努力,在未来就要长期努力;今天不吃苦,将来就得吃更多的苦。

让自己吃点苦,并非浪费时间、忍受难耐的生命,而是在吃苦的过程中你完全可能被催生出意想不到的潜力。不去努力一回,如何知道自己有多优秀?

挑战自己,赢在当下,无愧将来。未来成功的你一定会感谢此刻有志向、有魄力、有毅力的自己!

23.成为大树的五个条件

一颗树要成长为一棵大树,至少需要具备五个条件:第一,时间——长大绝非一朝一夕;第二,不动——经风霜雪雨,始终坚持;第三,根基——努力把根深入地底,不停地吸收营养,成长自己;第四,向上长——不断向上才会有更大的空间;第五,向阳光——争取更多的光明和养料。

人物一理,一个人的成长成才,细细思之,莫不如此!

24.不怕怀才不遇,只怕你的品行与才华配不上你的雄心

很多人总觉得自己满腹才华,常叹无人能慧眼识珠。可是你想过没有,你的品行、你的才华真的能支撑起自己的雄心吗?

当你在为怀才不遇而满腹牢骚时,请先改变一下思维的视角,不妨先脚踏实地,坚持努力一段时间,然后对比自身前后的变化。

境随心转,怀才不遇的最佳解决方案就是不断使自己变得越来越优秀,越来越强大!

25.信念、欲望与情绪

每个人时时刻刻都受到情绪和欲望的影响,而这种情绪和欲望往往与人的信念有关。

我们每个人无时无刻不生活在信念的引领下,因此正确、坚定的信念非常重要。因为,拥有信念支撑,生活才可能一往无前;若没有信念支撑,人往往很难成功。

信念刚正、坚定,行为才不失偏颇。信念坚定的程度不同,勤奋程度就会不同,得到的回报之大小也往往不同。

26.想做自己的主人,先练就主人的心境

英国哲学家培根说过:"人的命运,主要掌握在自己手中。"我们只有学会做自己的主人,才能享受自己的精彩人生。

做自己的主人,需要树立远大的志向,立什么样的志向决定有什么样的目标。

做自己的主人,需要修炼好的心境,增强自身的定力,若难以抵御各种诱惑,自然掌控不了自己。

做自己的主人,还需要拥有吃苦精神,吃多大的苦决定享多大的福。

做自己的主人,还需要做出正确的人生选择,选择走什么样的路,决定着到达什么样的终点。

做自己的主人,更需要拥有勤奋精神。早起的鸟儿有虫吃,即使天上掉馅饼,也不会砸到躺床上睡懒觉的人。

同学们,做自己的主人才能改变命运,其要诀就是从今天开始,从当下做起,秉持青少年的那份豪放,立即行动起来,练好心境,定好目标,做好选择,勤奋刻苦,真正成为自己命运的主宰!

27.远离垃圾人

最近,看到董卿的一篇文章《去靠近一个给你正能量的人》。细细品味后,感觉说的特有道理:一个人的"三观"如何,一般说来,一部分影响来自他接触的社会和汲取的知识,另一部分影响则来自他的家庭与朋友,更多时候,后者更具有直接引导作用。

简单来说,你和什么样的人在一起,就可能会拥有什么样的人生。

正能量的人总是自带光芒,看见别人好便为之喝彩,看见别人有困难就热情相助,看见别人的不足便诚恳支招而不是落井下石。如果无意伤害到别人,正能量的人会真诚道歉并用心挽回。与正能量的人在一起能相互鼓励,享受到更多的快乐和幸福,对生活更充满激情,对未来更充满希望。

负能量的人见不得人好,喜欢道听途说,喜欢阳光底下找阴影,喜欢鸡蛋里挑骨头,总觉得别人欠他的。当伤害了别人时,负能量的人不但不自我反省,反而把问题强加到对方身上。和他们在一起时,即使本来乐观向上的人,也很容易显现出疲惫的状态,那是因为情绪最容易感染人,当人总是处在消极、抱怨的负能量氛围中时,心情也就自然变得抑郁起来。

近朱者赤,近墨者黑。跟随蝴蝶走下去的人,最终看到的是芬芳的鲜花,而跟着苍蝇走下去的人,只能到达肮脏的沟渠。况且,生活中这么多有意义的事情等着我们去做,谁有闲暇顾及毫无意义的抱怨与牢骚呢?远离负能量的人,去靠近一个给你正能量的人,这是最对得起自己的选择。

尤其作为我们老师来说,更应该努力做个心怀正能量的"益友",多结交有相同的正能量频率的人,远离负能量的人。要向学生积极传递正能量,努力把孩子培养成阳光的、积极的、进取的人,让孩子怀有爱心、善心,做善良人、诚信人。让我们教育的天空变得更可爱更美好,更多一些阳光和蓝天,相信我们自己一定也会被世界温柔以待!

28.人生的差距,在业余时间拉开

能否成为一个事业上有作为的人,关键在于能否有效把控业余时间。

一天 24 小时,对于每个人来说都是均等的,但是如何利用,就决定了一个人未来发展是否长远。若你坚持高效利用零碎的业余时间,一个小时、一天、两天,看起来很短,但久而久之,别人就会与你产生差距。只有努力提高学习效率,把握住属于自己的每一刻时间,你才有可能从人群中脱颖而出。

胡适曾说,一个人的前程,往往全靠他怎样利用闲暇时间,闲暇定终生。你用你的闲暇来打麻将,你可能就成个赌徒;你用你的闲暇来做社会服务,你可能就成为社会知名人士;你用你的闲暇去研究历史,你可能就成为史学家。你的闲暇往往决定你的终身成就。古往今来,凡是有大学问的人,几乎没有一个不善用他的闲暇时间。

信心语谭

同学们,从现在开始努力吧,别停下来,不要求你每天能走很远,但求每一天都有进步,若坚持不懈地这样做,你一定会变得越来越优秀!

发展人性

二、知恩感恩,是追梦者的必修课

——我相信微笑的力量,在任何时空,都直抵心灵

> 知恩感恩,是一种美德,是一种境界,是一种爱的教育。知恩感恩,是发自内心的无言的永恒回报。知恩感恩,让生活充满阳光,让世界充满温馨。

1. 换个视角看世界,阴霾可化丽日晴空

"横看成岭侧成峰,远近高低各不同。"看人和观事的角度不同,得到的结论是不一样的,有时甚至相差甚远。比如:右面这个图,你觉得她

丑吗？倒过来看一下，你是不是很惊讶？

生活就是这样，当你遇到不顺心的事情，不妨换个角度去想想，说不定，密布乌云瞬时可化为丽日晴空，紧蹙的愁眉瞬间也会被甜美的笑靥取代。当你失去信心的时候，换一个角度，可能柳暗花明，豁然开朗。

换个角度看问题，快乐竟是如此简单。

2.追梦路上，不能缺了"骆驼精神"

被誉为"沙漠之舟"的骆驼，总是给人一种淳朴、温顺并值得信赖的感觉，一生承受重负仍忠诚坚守职责。

高尚的人大都具备骆驼品质。叶剑英元帅称颂任弼时为"我们党的骆驼，中国人民的骆驼"，礼赞他："担负着沉重的担子，走着漫长的艰苦的道路；没有休息，没有享受，没有个人的任何计较。"

我们的老师当中也不乏具有骆驼精神的平凡又伟大之人。无论工作多苦多累，他们都没有退缩，没有厌倦，从不牢骚抱怨，更不见斤斤计较，无论分内分外都任劳任怨，坚韧执着。他们相信沙漠那边是绿洲，而且一步一个脚印走向希望的绿洲。我为这样的老师喝彩！

希望我们潍坊四中的老师人人发扬踏实、坚韧、执着、自信的"骆驼"精神，不断强化使命意识，心存感恩，珍惜所有，舍得付出，努力提升自己的生命价值，助推学校跨越式发展。让我们在追梦的路上脚踏实地、坚韧执着地走向美好未来！

3.不纠缠于已"失之东隅"，才能随时"收之桑榆"

今天和大家分享一则出自《后汉书·郭泰传》的故事——破

甄不顾。

郭泰在太原时,有一天看到路上有个人背着瓦罐走路,走着走着,这瓦罐突然掉到了地上,"哗啦"一声,吓路人一跳。谁知那个行人看也不看,继续走他的路,就像什么事也没有发生一样。

看到此景,郭泰觉得很奇怪,就主动上前问他:"为什么你的瓦罐摔碎了,你看也不看,弃之不顾,继续走路呢?"那人回答:"破都破了,再看还有什么用呢?"郭泰觉得此人谈吐不凡,拿得起放得下,是个奇才,于是劝他进学。此人求学十年之后,就名闻天下。书中记载此人叫孟敏,字叔达。

细想一下,这个小故事告诉了我们这样一个道理:人生需要向前看,如果我们遇到不如意的事,要尽快从不良的情绪中解脱出来,放下"包袱",轻装上阵,再启新征程。如果把精力和时间一味耗费在无意义的事上,那还剩下多少精力来提升自己呢?

聪明的人,从不纠缠,让自己活得更精彩,才是最智慧的做法。

4.知恩图报者,命中多贵人

人生的路上,会遇到许多能够帮助你的人,也会遇到很多对你有重要意义的人。面对这些特别的人,有些人会选择感恩,多年世事沧桑,感恩之心不变;有些人则选择了漠然,选择了淡忘,不仅让自己泯灭了良知,更失去了很多本可以志同道合、携手与共的朋友。

再有才华的人,也需要别人给你做事的机会,也需要他人对你或大或小的帮助。我们要时刻认识到:你现在的幸福不是你一个人就能成就的。所以,我们对父母、朋友、同事及他人等都要常怀感恩之心态。但是,为什么我们有些人对自己的过失处处宽容,对他人、对赖以生存的单位却是"另眼看世界",因一点小事就抱怨个不停,嫌这人做的不好那人做的不周,处处苛求？

知恩图报,是一个人思想境界的体现。对于那些没有知恩之心的人,前方的路上,将不会再有同伴,帮助过你的人更不会再与你有深情厚谊。做一个感恩的人,不要让良心蒙上阴影,不要让人生充满悔意。

知恩,幸福才会不请自来。

5.播撒阳光于暗处,你就是上帝

月有阴晴圆缺,人有悲欢离合。月亮、太阳的光芒不会等量辐射到地球的每一寸土地上,上帝的好运也不会眷顾到每一个人。在生活和工作中,可能你有委屈,那是因为你的付出没有被顾及;可能你也有愤怒,因为你的价值没有被肯定。即便如此,我们也没有懈怠的理由,更不要给自己一个消极的借口。

罗曼·罗兰说过:世界上只有一种真正的英雄主义,那就是在认识生活的真相后,依然热爱生活。无论世界如何待你,努力做一个善良的人,做一个心态阳光的人,做一个积极向上的人,用正能量激发自己,同时也感染身边的人。

你阳光,世界会因你而愈加光彩！你积极,世界会变得平畅顺遂！你坚持,世界便会变得和颜悦色！当积极、阳光的你在"踏破铁鞋"、历经坎坷后,便会发现,"灯火阑珊"处也会有你想要看到的盛景。

做阳光的使者,做自己的上帝。

6.生命的高度因知恩感恩而递增

感恩,是人性的一大美德,也是人生的最大智慧。学会感恩,对于现在的孩子来说尤为重要。因为,现在的孩子大多都是家庭的中心,他们常常是心中只有自己,没有别人。让孩子学会感恩,其实就是要让他们懂得尊重他人。

当孩子们感谢他人的善行时,第一反应常常是今后自己也应该这样做,这就给了孩子一种行为上的暗示,让他们从小知道爱别人,帮助别人。

学会感恩,首先要知恩,要理解父母的养育之恩、师长的教诲之恩、朋友的帮助之恩。

要记住别人的好,用一颗感恩之心去生活,去学习,去工作。

当感恩成为一种习惯,成为一种自然,相信你的人生也就更加细腻和丰富,你的生命也就有了厚度与宽度,你的灵魂也就更加丰盈与充实。

7.感恩是一种处世哲学

感恩是一种生活态度,更是一种处世哲学;感恩是一种心境,更是一种胸怀。懂得感恩的心灵,是世界上最美的心灵;懂得感恩的生命,是世界上最值得敬重的生命。

当我们以感恩的心态去做人做事时,会更愉快,更有效率;当我们拥有一颗感恩的心时,无论何时何地,触摸到的都是生活的暖意。如果我们在得到别人的帮助后,怀着感恩之心去关怀他人,之后又被别人感恩。如此被生生不息的关爱包围的世界,将是一个多么美丽的世界!

作为一个人,感恩父母应该是必备的素养。是父母赐予我们生命,是父母辛辛苦苦把我们养大,照顾我们的生活,教导我们如何做人。不少世界500强公司,在进行用人调查时,都把孝顺父母作为一项十分重要的内容加以考察。试想,一个连父母都不知道孝敬的人,还怎么尊重他人呢?

　　作为一名学生,感恩老师是必备的素养。感恩老师体现在点点滴滴:课堂上一道坚定的目光、一句轻轻的应和,下课后一声礼貌的"老师好",放学后恭敬的一句"老师再见",都是感恩的表现。在这些点滴小事的背后,包含的正是你对老师的尊重和肯定。

　　每个人都应该学会感恩,尤其是学生,因为懂得感恩是学习最强大的内动力。作为学生,用学业有成回报谆谆教导我们的老师,回报含辛茹苦养育我们的父母,让他们欣慰,让他们"喜悦"于我们的成长与自立。好好学习,就是尊重,就是感恩。

　　作为共和国未来的建设者,我们要始终怀有对国家和人民的热爱与感激之情。恰逢新中国成立七十周年,我们要用实际行动感恩祖国的哺育和呵护。

　　感恩,让我们的生命更丰盈,更厚重。

8.知福、惜福、修福,幸福必不可少的三种境界

　　古人云:"井涸而后知水之可贵,病而后知健康之可贵,兵燹而后知清平之可贵,失业而后知行业之可贵。凡一切幸福之事,均过去方知。"人生在世,知福、惜福、修福当为获得幸福必不可少的三种境界。

　　年轻时代,能有一个好的机遇、好的环境汲取知识的营养,是再好不过的一件事情,如果再有一帮为你扶鞍上马、引路导航的好老师,那你就是一个幸福的人。人,应该知足。知足也是知福的表现方式。知足者常乐,失之东隅,收之桑榆。有了失马塞翁的良好心态,怀揣一颗感恩生活的心,幸福自在眼前。

　　同时也要惜福。惜福可以体现在生活的方方面面。节俭就是惜福,对劳动果实的尊重、对幸福机遇的珍惜就是对幸福的珍惜。《朱子家训》有言:"一粥一饭,当思来处不易;半丝半缕,恒念物力维艰。"

幸福人生的最高境界是修福。"勿以善小而不为,勿以恶小而为之",是蜀汉先主刘备训子遗诏中的一句话。有所为,有所不为,以德报怨,赠人玫瑰手有余香,付出的背后收获的不仅仅是欢乐,还有一生的福报。

幸福需要自己来创造和感受,愿大家都有追求幸福的能力和素养。

9.尽孝趁年轻

一定要教育我们的学生尊重父母,孝敬父母,真心热爱父母,热爱家庭。从现在起就应该遵守纪律,努力学习,让内心充满阳光,并发自内心微笑,让父母感到快乐和幸福。

请一定告诉我们的学生:现在你对待父母的态度就是将来子女对待你的态度!

切记:父母在,人生尚有来处!父母去,人生仅剩归途。

10.与贤智者为伍,与善良者同行

做人,不一定要风风光光,但一定要堂堂正正;处事,不一定要尽善尽美,但一定要问心无愧。以真诚的心,对待身边的每一个人;以感恩的心,感谢拥有的一切。未来,不是穷人的天下,也不是富人的天下,而是一群志同道合、敢为人先、正直、有正能量的人的天下。真正的危机,不是金融危机,而是道德与信仰的危机。让我们与贤智者为伍,与善良者同行!

与智者同行,路自然变宽;与贤人为伍,必走得更远!因为优秀者就像太阳,为你带来光芒,当你逐渐适应了明亮,就再也不

信心语谭

想回到黑暗中去了。

俗话说,物以类聚,人以群分。要想与贤智者为伍,我们先要成为知识渊博、品行高洁的人,就像要与雄鹰同飞,我们也得练就凌空高飞的本领一样。

11. 虚怀若谷,方能达观通变

一池静水,在丢入一颗石子时,方可荡开美丽的涟漪;一抹白云,在高空气旋推动时,始幻化出曼妙的姿态。在倦怠与颓废面前,适时的外部刺激或许正是你需要的助力。师者长辈的点化指教、同行好友的善意规劝、父母亲朋的苦口婆心或者疾言厉色,未尝不是去疴的猛药、惊堂的醒木。

当我们面对老师、长辈及挚友的批评时,虚心接受并静心地审视自己的状态是非常必要的。上善若水,只有虚怀若谷,方能达观通变。尤其是当方向错了的时候,虚心接受批评和建议,甚至停下来或许就是最大的进步。

12. 艰难困苦,玉汝于成

艰难困苦,玉汝于成。任何时段、任何形式、任何强度的困难、困惑、困苦,都在考验、历练着一个人的心志。

在各种考验面前,背水一战、破釜沉舟,迎难而上,置之死地而后生者有之;悲观彷徨,怨天尤人,自暴自弃,一蹶不振走向沉沦者亦有之。人在旅途,爬坡过坎考验的不只是体力,还有心志,心志决定了你行程的距离。狂风练就了鹰的翅膀,演绎出美丽的盘旋低回。巨浪拍击出水手的胆识,铸就劈波斩浪的英雄史诗!

若想获得超凡的心志,请大家背上理想的行囊上路,并始终铭记先哲孟子的教诲:"天将降大任于斯人也,必先苦其心志,劳其筋骨,饿其体肤,空乏其身,行拂乱其所为,所以动心忍性,曾益其所不能。"

13.对手成就高手

一天,一个人走在乡间小道上,看见一个农夫正赶着一匹马犁地。当他走上前去准备问候这个农夫的时候,突然看到在那匹马的侧腹上有一只很大的虻。很明显,那只虻正在叮咬那匹马,而且把那匹马叮得很不自在,因此他就想把那只虻赶走。正当他举起手来的时候,农夫制止了他。农夫说:"请不要赶走它,朋友,您知道吗?正因为有了这只虻,这匹老马才一直不停地动着。"

小故事,大道理!那只虻可以说是马的对手,正是因为它的存在,才让马有了前行的动力。很多时候,恰恰是这些带给你烦恼和不幸的人或事情在促使着你不断地前进。因此,当你面对对手时,请善待他们,正是因为他们的存在才让你有了不断提升自己的压力感。

请记住,存在对手并不可怕,从某种意义上讲甚至是一件好事,而看不到对手和自己的缺点才是最大的问题!在学习中,我们通过做练习、做作业和考试等方式,可以看到在学习中存在的"虻"——错题和知识漏洞,这是好事。若补上了,解决了,我们就会不断地提高,不断地前进。

14.踏石留印,心向远方

最美的生活方式,不是躺在床上睡到自然醒,也不是坐在家里无所事事,更不是在大街上漫无目的地游走,而是和一群志同道合的人,一起奔跑在理想的路上,回头有一路的故事,低头有坚定的脚步,抬头有清晰的远方。

很幸运,我身边就有这样一帮同事,始终以学生发展为己任,工作兢兢业业,不辞劳苦,齐心协力,创造出了不俗的业绩!我们还有一帮充满青春活力、乐观积极、聪明可爱的学生们,始终不忘自己的理想,奋发向上,努力拼搏,在信心教育的田园里快乐地成长!

岁月太匆匆。惟愿现实的我们,扎实学习,开阔心胸,开心工作,乐观生活,用心去寻找身边细微的美好,享受每一天的花开花落,云卷云舒,这才是令人留恋的最美芳华。

15.追梦,先看清自己缺什么

才干是成就事业的重要基础,学习是增长才干的主要途径。同学们,今天的刻苦学习就是为将来的美好人生奠基。

但需要提醒大家的是,人所缺乏的往往不是才干,而是理想;不是能力,而是坚定的意志。追梦路上,不能让生命之舟长久停泊在幻想的港湾,而应高扬理想的风帆远航;不能遇到困难就踟蹰不前,而应以坚定的毅力,勇敢接受暴风雨的洗礼。

人生是一首悦耳的歌,生命是一幅美丽的画,岁月是一条奔腾的河。愿我们坚守初心,将人生这首歌谣,唱得响亮精彩;愿我们满怀信心,将生命这幅巨画描绘得繁花似锦;愿我们增强毅力,在岁月的洪流中坚如磐石,不断追寻光明和美好的未来!

16.时刻珍重,以免他年伤故情

参加当年所教学生毕业三十年聚会归来,师生深情依依的一幕幕镜头在脑海中不断回放。感慨、感动之余,不免想起不时见诸报端的同学矛盾激化甚至校园欺凌现象,在此特别想劝勉所有孩子们:一辈同学三辈亲,珍惜缘分,好好团结,将来,每一位同学都可能是你的财富,现在的每一秒,回忆中都弥足珍贵!附聚会随笔,与诸君分享。

  春去秋来,似水流年,留不住的脚步;花开花落,情牵几许,数不尽的繁华。今天,在安丘市政府招待所,我曾任教的安丘二中十八级学生隆重举行了毕业三十周年联谊会。

  期待已久的聚会圆了大家多年共同的梦想,话离别,叙旧情,释放思念的牵绊,收获重逢的温暖。如水的岁月、经年的离别不但未曾增加一丝的疏离,反而沉淀下厚重的亲情:昔年住在上铺的兄弟,依旧可以高谈阔论,称兄道弟;曾经无话不谈的姐妹,依旧可以谈笑风生,亲密无间。

  大家对酒高歌,不醉不休。看到你们举杯畅饮,听到你们开怀大笑,看到你们悟透世事后流露出的成熟、从容和洒脱,我感到由衷地欣慰,无比地激动。

  逝者如斯,在座的你们,同窗女生犹是佳人,顽皮小伙尽是栋梁,一个个意气风发,神采奕奕,我不禁感慨万千:青出于蓝而胜于蓝,你们优秀,是岁月的期许、老师的荣光。

  作为老师,虽然你们的一生我只能陪一程,但这是一种弥足珍贵的缘分。在二中所结成的友谊,是我们师生一生中最为纯洁和难忘的财富。今天我们再次相聚,重叙旧情,难能可贵。遇见老师,你们依然可以敞开心扉,亲密如初,老师真是十分开心。

  借此机会,我愿把最美好的祝福送给大家:祝所有同学、同事和因各种原因未能参加本次聚会的同学、同事,在今后的日子里步步称心,事事如意!祝愿我们的友谊地久天长,万古长青!愿浓浓的同窗情、同事情、师生情,常驻心间,永不褪色,陪伴大家在世上诗意栖居,共享芳华。

信心 语谭

三、酷爱读书,是养大格局的最低门槛

——由此让灵魂变得更加高贵

> 一个人的气质,藏着他读过的书;
>
> 爱读书的人,品德不会坏到哪里去。
>
> 读书,是一种生活方式,是人生的一大乐趣;
>
> 读书,是使灵魂高贵的捷径,更是一份社会责任。
>
> 要成为"具有自强精神、科学态度、人文素养、家国情怀、国际视野"的四中人,就要多读好书,好读书,让好书养大自己的格局,拓宽人生的舞台。

1.多读一点书,是为师者的必备素养

英国大戏剧家莎士比亚说:"生活里没有书籍,就好像地球没有阳光;智慧里没有书籍,就好像鸟儿没有翅膀。"多读一点书,并且养成读书的习惯,能写一点东西,这应该是为师者必备

的素养。

多读书会让教师早日成为名师。一名教师的授课,是带着他的体验来的。拜书本为师,能够练就教师睿智的眼光,形成深沉的思想,增强教学反思能力,提高创新能力。

多读书会让教师的气质更加优雅。腹有诗书气自华,读书是最好的修行。一本好书如同一位大师,若教师常读书,就像天天聆听大师的教诲,能开阔视野,陶冶情操,修身养性。

多读书会让教师的精神世界更加丰富,深邃,也会让学生更喜欢教师,更喜欢学习。教师喜欢读书,可以增强与学生的沟通能力,提升驾驭课堂的能力,在课堂上如鱼得水,游刃有余。喜欢读书学习的教师也更容易培养出爱读书学习的学生。

教书而不读书,势必坐吃山空,等到"一桶水"只剩下"一滴水"的时候,教师靠什么传道授业?还怎么担当"师者"的职责?真切希望我们的老师都能喜欢读书,借读书提升我们的教育品质,增添我们的教育情趣,享受我们的教育幸福!

2.成长从读好书、好读书开始

万事通理,读书学习也需要毅力和习惯的支撑。读书的习惯需要从学生时期——尤其是小学到初中这一黄金时段培养。过了这一时期,要想再培养读书的兴趣,已是一件不容易的事情。

因此,无论是学校教育还是家庭教育,一定要把如何培养学生读书的兴趣当做一门重要课程来研究。让学生从小热爱读书,从书中增长知识,开阔视野,陶冶情操,从而成为一个智商与情商极高的人,最终实现自己的人生梦想。

对于咱们中学生来说,如果因为没有读书兴趣就不读书,那就辜负了美好时光,委实是一件令人遗憾的事情。读书、学习单

靠兴趣是远远不够的,更多的要靠信心、毅力等优秀品质的加持来将其落实到底。

读书,丰富人的精神世界,有助于培养人的好性格,能提升人的气质与格局。同学们来到潍坊四中,都是为了学有所获,学有所成。希望大家都能培养并秉持好读书、读好书的习惯,为走向更广阔的未来打下坚实的基础。

3.读书与不读书,未来天渊之别

锻炼与不锻炼的人,隔一天看,没有任何区别,隔一个月看,差异甚微,但是隔五年十年看,身体和精神状态上就有了巨大差别。读书学习也是一样的道理,读书与不读书的人,日积月累,终成天渊之别。

读书可以明智,可以养性,可以美容养颜,可以提升内涵。读书还可以让人勤奋,拒绝诱惑,让软弱的人变得坚强,让忧伤的人变得欢愉,让失败的人获得成功。

不读书或读书少则往往相反,思想容易陈旧,性格容易简单粗暴,滋生惰性,对社会的贡献往往也较小,其人生价值就相应地小。就像仅生长了一年的小树一样,同样是有用,但不堪大用。

古今中外有大成就者大都酷爱读书。欧阳修家里无书可读,便去借书来读,甚至还常常抄书,夜以继日,废寝忘食。闻一多读书成瘾,就在他结婚的那天,他穿着旧袍在书房读书读入了迷,以至一家人都找不到"新郎"。毛泽东的中南海故居,简直是书天书地,床上除躺卧的位置外,也全都被书占领了。

一个酷爱读书的民族,自然也是优秀的。全世界每年阅读书籍数量排名第一的是犹太人,平均每人一年读书64本。自诺贝尔奖设立以来,犹太人占总获奖人数的23%,而犹太人只占世界人口的0.3%。

对于学生来说,读书与不读书,读大学——尤其是读好一点的大学和不读大学,过的是不一样的人生。希望同学们能多锻炼身体,多读书,读好书,上更好的大学,追求更高的人生价值,为国家做更大的贡献!——与书为伴,趁时光正好!(我这里所说的"书",其内涵和外延都是相对丰富的,对学生而言,首指国家规定的课程。)

4.读书,让教育生涯更美丽

永远不要等有时间才阅读,见缝插针,想读就读;永远不要等坐进书房才阅读,任何地方都可以阅读;永远不要等要用到时才阅读,急功近利、立竿见影是妄想;永远不要嫌自己读得太晚,只要行动,就有收获。

当你读的书足够多、范围足够广时,你对事物的认识就会更深更透,你的心胸就会无限宽阔,能达到一种超越自我、超然物外的至高境界。

5.读书,会使好运融进每一个努力奔跑的灵魂

小时候自己经常会问:读书到底有没有用?到底能不能改变命运?当上了学且读了很多书之后,便不再如此发问,并且再长大一些,就会越来越觉得自己读书太少了。

如果读了越来越多的书,你会发现读书让人的姿态越来越低,眼界却越来越宽。读书是一件很公平的事情,在岁月的流逝中,它会把最美好的运气融进每一个努力的人生中。

一个喜欢读书的人,品格不会坏到哪儿去;一个品格高尚的人,一生的运气也不会差到哪儿去。现在读书的厚度决定未来之路的长度,希望大家能多读书,锻造自己的品格,陶冶自身情操,提升人生境界,使自己越来越优秀,最终破茧成蝶,实现完美蜕变!

6.读书可提高人的综合能力

学生时代是读书的黄金时期,阅读对于提高人的认识力、理解力、表达力、思辨力等综合素养有着至关重要的作用。

现阶段,为什么不少的研究生把写论文看作一件难事?为什么不少的科技工作者研究工作搞得非常好,但就是拿不出像样的论文论著?这也包括我们做教师的。究其原因,还是书面语言表达能力的问题。

我们这些出生于六十年代的人,学生时代正处于国家物资匮乏期,书的存量很少,能有一本连环画册看就是一种享受。现在的读书条件多好啊,是我们那时候做梦也不敢想的事情,同学们应倍加珍惜才是。

想来,人的文学素养的形成,学生时代是一个非常关键的时期,时间、精力与兴趣俱佳,所以应该在这个时期多读些书。

开卷有益,青少年时期能与书为伴,你会更容易成为一个优雅的人、智慧的人、有深度的人。

附一 教师课堂激励用语 100 例

一、用心听课激励语

1.倾听是分享成功的好方法,看,××同学正在倾听、分享着大家的经验与快乐,我相信他(她)已经有了很多收获!

2.他(她)听得真专注啊,会听讲的人是会学习的人!"静、专、思、主"是成为优秀人才必备的素质!

3.××听得最认真,你是不是已有了自己的答案,跟大家分享一下如何?

4.这堂课你一直在认真倾听,这是尊重他人的表现,为你的好教养点赞!

5.你听得真仔细,这么细微的地方你都注意到了,好棒!

6.你比以前认真多了,用心终会有收获,加油!我看好你!

7.你一直是我们班的"万事通",如果你上课听讲再认真一些,知识就更渊博了!

二、积极发言激励语

8.你讲得很有道理,但是如果能把语速放慢一点,其他同学听得就更清楚了!

9.你不仅听得仔细,表达也特别清晰流畅,很有条理,让大家一听就懂!

10.别急,再想想,好好组织一下语言,你一定能讲好!

11.你很有创见,这非常可贵,请再大声说一遍!

12.没关系,大胆地把自己的想法说出来,我知道你能行!

13.你的思维很独特,这么好的想法,为什么不大声地、自信地表达出来呢?

14.你又想出新方法了?佩服你敏捷的思维,你能不能讲给大家听一听呢?

15.你的回答别具一格,令人耳目一新,很有创造性,老师特别欣赏你这点!

16.你的发言给了我很大的启发,真心地谢谢你!

17.他(她)的汇报完整并且精彩,我们要向他学习!

18.××同学在"合作探究"环节侃侃而谈,我们邀请他(她)代表小组发言。

19.××同学对这个知识点解析这么透彻,应该是复习旧课和预习新课做得非常到位,大家都要向他(她)学习啊!

20.每堂课都能看到你踊跃发言,冲着这股劲头,我们也要为你鼓掌!

21.××同学,你上课听讲心无旁骛,也能认真思考,咱以后可不可以更勇敢一些,大声说出自己的答案?

22.你愿意跟同学分享自己的答案,令人赞赏,这品质非常可贵!只是这次想的跟最终答案还有一步之遥,愿不愿意再继续思考?老师相信你一定能得出正确结论!

23.你看,很多同学把心里的"胆小鬼"击倒,积极举手发言了!

三、专注思考激励语

24.他(她)在认真倾听的同时还在专注思考,为大家想出了更巧妙的解题方法,为他(她)边听边思的好习惯点赞!

25.你很会思考,想法很独特,有科学家必备的素质,老师佩服你!

26.你特别爱动脑筋,常常一鸣惊人,我们不禁要为你鼓掌喝彩!

27.你向来听讲认真,思维也很活跃,我们试着思考一下这个题目如何?一定难不倒你!

28.你能认真思考,为全班同学做了表率,这次思路不对没关系,换个思路,再好好想想,你一定能行!

29.你向来思维敏捷,想法独到,这次没想出来没有关系,再分析一下题干要求和已知条件,看看是不是哪个小细节没考虑到?你一定能行的!

30.我想××同学一定是在思考,让我们再给他(她)一点时间,好吗?

四、认真做事激励语

31.你们瞧,××可是大家学习的好榜样啊!看看他(她)是怎么做的!

32.第×组的同学个个精神饱满,跃跃欲试,相信他们的学习效果一定非常好!

33.你坐得端正,注意力集中,老师为你骄傲!专注的人往往最先得到成功女神的青睐!

34.看××同学认真的样子,老师就知道他(她)是勤奋好学的学生!

35.你的组织协调能力很棒,不仅管好了自己,而且把自己的小组带领得越来越好!

36.××组的同学在自主学习的过程中,最投入最专注了,给大家做了很好的榜样,希望大家向他们看齐!

37. 尊重(欣赏)别人,你会得到更多人的尊重(欣赏)!

38. 懂得欣赏别人是一种涵养,对于××的精彩回答,我们该怎么表示?

39. 你的进步让老师感到特别高兴,特别有成就感!

40. 你真行(真棒/真懂事/真勇敢/真细心/真有耐心/真有毅力/真是好样的)!

41. 你愿意带头为大家做示范,展示自己的本领,我们都要感谢你!

42. 做实验前要认真观察老师的示范,××同学观察得非常仔细,他(她)的实验步骤非常规范,效果非常好。

43. 不知是什么力量使你改变这么大,从坐不住、静不下来,到静静思考、暗暗努力,这个过程你一定感悟到了很多,真为你高兴!

44. 在困难面前,xxx同学带着不服输的劲头,带领身边的同学翻阅各种资料,寻求解题思路,最终攻克难题,祝贺你们!

45. 这么难的实验你竟然做成功了,肯定是注意到了很多小细节,为你骄傲!

46. 你不仅上课认真听讲,积极思考,做实验也一板一眼,操作步骤规范到位,为你点赞!继续坚持下去,你会创造奇迹!

47. 你是一个很负责的材料员,每一次实验后都能把材料整理得整整齐齐!

48. 科学家总不忘在研究后整理好材料,看,这一组同学就做到了,而且做得很好!

五、善于质疑激励语

49. 你的眼睛真亮,能发现这么多问题!会提问的学生,是有智慧的学生!

50.这个问题很有价值,真了不起!我们可以共同研究一下!

51.大胆质疑的同学才能捕捉到真理的火花。

52.××同学今天提出了问题,真正参与到学习中来了,这是非常可贵的第一步,真为他(她)开心!

53.你的问题虽然超出了今天学习的范围,但你能挑战这么有难度的题目,探究得这么深入,真为你开心!

54.有勇气提出自己的问题,这本身就是成功,这个问题用我们上课的内容就能解决,愿不愿意自己先好好考虑一下?

六、善做笔记激励语

55.你的记录很有特色,能获"最佳记录员"奖!

56.你是一名很优秀的记录员,不仅把观察的内容都详细地记录了下来,而且写得条理清晰,真棒!

57.你听得很仔细,如果做笔记时字迹再工整些,就更漂亮了!

58.××同学的笔记字迹工整,分类条理,详略得当,图文并茂,美观大方,值得我们学习!

59.他(她)做笔记时非常有心,用各种颜色标识了重点,以后复习就能省时省力,真是个聪明的同学!

60.他(她)的作业写得非常认真,不仅过程详细,推理严密,步骤规范,而且书写工整,文面整洁,真是个用心的好学生!

61.××同学的试卷,几乎每道题都能做到规范答题,步骤清晰,表达严谨,书写工整,这是他(她)平时练习时对自己高标准、严要求的结果,大家要向他(她)多学习啊!

七、活动过程激励语

62.你的课外知识真丰富,都可以成为我的老师了!我们大家都要向你学习!

63.猜测是科学发现的前奏,你们已经迈出了精彩的一步!

64.比比看,谁是火眼金睛,发现得最多,最快。

65.你有自己独特的想法,这一定是深思熟虑的结果,真了不起!老师为你感到骄傲!

66.老师很欣赏你实事求是的态度!

67.你会活学活用,用以前学过的知识解决了今天的难题,真厉害!

68.你很善解人意,而且和同学合作得非常好,这些优秀的品质会助你更进一步!

69.你的办法真好!考虑得真全面!老师特别欣赏你的执着(专注/坚持/用心/勤奋)!

70.你真了不起!大家都为你感到骄傲!

71.我们今天的讨论很热烈,参与的人数很多,发言精彩,我为你们感到骄傲!

72.××小组合作探究中虽然没达成一致看法,但是支撑观点的理由都很充分,同样非常棒!

73.××组在合作探究过程中,群策群力,各显神通,组长组织能力强,组员们个个给力,当之无愧是我们的"最团结小组"。

八、效果评价激励语

74.你简直是位科学家,有这么多了不起的发现!如果再用更精彩的方式介绍给大家,效果就更好了!

75.你完成得好极了,如果能积极主动帮助其他同学,让他们从你身上受益,那就更好啦!

76.哇,你的作品太好了!质量和水平都是一流的,这一定是你平时潜心训练、不断磨砺自己的结果!

77.你的勤奋和专注超越了绝大多数同学,你太厉害了!

78.瞧,通过努力,你成功了,祝贺你!

79.参与是走向成功的开始,结果并不是最重要的!只要勇于参与就有进步的契机、成功的希望!

80.你研究的课题很有价值,请继续努力!

81.这是你们成功合作的结果,老师为你们感到骄傲!更为你们积极参与的精神点赞!

82.你最近进步很大!老师感到特别欣慰!

九、后续评价激励语

83.心动不如行动,让我们以最饱满的激情投入到研究中去吧!

84.小疑有小进,大疑有大进!

85.你的这个问题提得很好,连老师都没有注意到,希望大家帮助老师去查资料,共同解决这个问题,好吗?

86.大家齐心协力,再加把劲,坚持到底就是胜利!成功一定会属于你们的!

87.你敢于向困难挑战,我要向你学习!

88.试一试,别泄气!相信自己,还有机会等着你!老师知道你能行!

89.男子汉,再大的困难也不怕!

90.你已经很努力了,别急,自信点!

91.只要认真细心,什么也难不倒你!

信心语谭

92. 研究和学习碰到困难,别退缩,相信自己,你一定能行!

93. 要相信自己,无惧失败,研究本来就是错了再试的过程!

94. 年轻人就该有朝气,有斗志,总结经验,吸取教训,只要不气馁,终会迎来奇迹。

95. 你很自信,这是很好的品质,自信是走向成功的开始!

96. 你很有创造力!今天你又有了新发现,真为你高兴!

97. 努力争取,老师相信你们是最棒的!

98. 你真有毅力,能坚持研究这么久!老师很佩服你的钻劲儿!

99. 你是敢于尝试的勇士,好极了! 1

100. 最近你一直奋勇争先,希望在以后的学习中继续保持这种状态,加油!

附二 教师作业批改精彩评价用语100例

一、赞赏式——对学生表示由衷地赞美和赏识

1. 你努力,你收获!你勤奋,你成功!

2. 你的作业向来有板有眼,规范,精致,为同学树立了榜样!

3. 喜欢你深刻的见解,喜欢你爱思考的学习习惯!

4. 良好的学习品质已经帮你收获很多,请继续努力下去!

5. 我能感觉到你正在努力,加油!争取做得更好!

6. 喜欢你的认真劲儿!认真的品质可征服世界上任何一座高峰。

7. 你的作业完成得最好,为你的执着与耐心点赞!

8. 有进步啦!这就是耕耘后的收获!替你开心!

9. 你这段时间学习状态很好,做作业的水平很高!

10. 作业那么多,你还能这样高质量地完成,这就叫坚持,这就叫用心!给你一个大大的赞!

二、肯定式——对学生作业表示关注或肯定

11. 预习作业的解答过程详尽且全面,看来你一定是认真研究教材了,这样做非常好!

12. 你的做题思路很正确,可以看出你认真听讲且仔细复习了,很有潜力!坚持下去,你一定会取得更加优异的成绩!

13. 虽然论证过程简略了些,但画图可是费了功夫,你有这股认真的劲头,什么事都能做好,老师看好你!

14. 你的表达如行云流水般潇洒,我忍不住要多看两遍,真棒!

信心语谭

15.你的解析方法非常独到,为大家提供了好的借鉴,你真是好样的!

16.太喜欢你的语言了,细腻,华美又富有哲理!

17.字迹美观,文面整洁,赏心悦目!

18.喜欢你作业中规范的步骤,只有尊重规范,答案才会更接近圆满!

19.你的推理过程严密准确,为你强大的逻辑思维点赞!

20.你的作文审题准确,语言优美,结构严谨,让人眼前一亮,大赞!

三、激励式——激发和鼓励学生,使其奋发

21.加油!用勤奋和坚持超过别人!

22.放飞希望,实现梦想!

23.加油,争取未来遇见更优秀的自己!

24.一时的困惑决定不了结局,相信你能很快拨开迷雾,守得云开见月明!

25.虽说这次作业不是班里最好的,但是进步很大,你要争取越来越好!

26.希望你能更专注些,把目标定得更高些!

27.你很认真,继续努力吧!你会做得更好!

28.下次争取拿第一哦!老师们可都盼着呢!

29.一切皆有可能,你的付出也一定能收获希望!

30.老师相信你,你也要相信自己,你一定能写得更好!

四、说理式——通过说明道理,帮助其战胜困难,改变学习状态

31.深刻的教训比经验更为宝贵!我们看下次!加油!

32.一份耕耘,一份收获!你能行!

33.对自己的要求有多高,就能达到多高的水平!

34.你的汗水不会白流,你的努力也不会白费!

35.有志者事竟成,别人能做到的,你也能!

36.优秀是一种习惯,相信你以后会越来越好,不要辜负老师和家长对你的期望啊!

37.你已是全班同学的榜样,优秀的你今后该怎么做呢,相信你一定心中有数!我们为你加油!

38.做作业是巩固知识的必要途径,用心完成,你会收获别样的快乐!

39.从容面对失败,就有超越自己的底气!

40.珍惜每一次学习机会,只争朝夕,不负韶华!让我们挑战一下自己吧!

五、导行式——直接指导学生行为,帮助其学习进步

41.看看你同桌的作业,他(她)的格式更美观!争取赶上他(她)!

42.认真解答,你也能做好,加油!

43.论证过程不充分(或默写错得有些多),再加把劲,老师盼望看到你更完美的作业!

44.不要叹息时间的消逝,要热情而执著地抓住它!

45.要结合自己的生活实际谈感受,相信你能行!

46.你的作业和××同学的各有优点,建议你们深入交流,取长补短,相信定有收获!

47.试着看一些科普类的读物,它们会开阔我们的视野,深邃我们的思维,请立即行动起来吧!加油!

48.选择一些经典文学类读物,多积累,多记忆,这会让你的语言更加优美流畅!

49.我更欣赏你上次的作业,为什么没坚持下去呢?加油!

50.守得规矩,方成大器;知道进退,方能成才。

六、指导式——对作业中存在的问题,进行针对性指导

51.详略不够得当,要改正啊!

52.你可以概括得更全面些!加油!

53.语言可以更活泼些!

54.尝试用景物描写来表达自己的心情,借景抒情,你一定能做得更好!

55.在作文的创新方面,还可以做得更突出些!

56.字要工整,要规范,要如人一样干净利落哟。

57.为了能更高效地学习,你做作业的时间分配可能需要调整一下。

58.眼到,心到,手到。你能做到!

59.沉住气,看清楚,写准确!你一定能做到!

60.字体大小要一致,行款要整齐。加油!

七、谈心式——与学生交流思想,增进情感,提高学习的内驱力

61.给自己一个笑脸,你会发现,生活可以完全不一样。

62.今天你写作业时专注的神情,令人感动!从第一页翻起,你便会看到自己的进步!

63.孩子,老师发现你这两天有点灰心,别泄气,你能行!

64.我相信自己的学生,你也要相信自己,你真的能行!

65.你字里行间流露出的真情,让我感动!

66.我知道你昨天生病了,没想到作业还能做得这么好!有如此毅力,什么困难都打不倒我们!

67.你期待我赞赏的微笑,对吗?好,我一定遵守约定!

68.鼓励对你很重要,我记住了!谢谢你!

69.你能感受到老师对你的期待吗?

70.用你的努力,给我一个鼓励,让我们一起向前冲!

八、总结式——针对学生的作业内容、形式,进行总结

71.你的文章告诉我,用眼睛和心灵发现世界,我们就仿佛比别人多活了很多年。

72.读史可以明智,你写得很好!

73."世界很小,而人的心却很大很大。"你的文章让我收获很大!

74.写得多好啊,一颗"花生心",一颗谦恭的心!

75.驳论,有助思维,你做得好!

76.勤奋地学习,终将获得成功,你做到了,我为你自豪!

77.是的,有时一首歌也能给人很大的启迪!

78.人性的真善美,感动你,也感动了我。

79.写得真好!做一只鹰,展翅高飞,翱翔天际!

80."马上做"而不是"慢慢来",你说的对!

九、互动式——让学生感受到老师在和他们共同努力,共同成长

81.这本书我也看了很多遍,有时间我们可以交流一下。

82.你的疑惑可促进我们进一步深入研究,谢谢你能在日记

信心语谭

里敞开心扉!

83. 这次作业里知识点概括得很好!向认真的你学习!

84. 看你的作业,总能给我的教学带来启发,让我们共同努力,共同进步!

85. 你对这单元知识研究得如此深入,真好!有你这样优秀的学生,老师也更有动力了!

86. 你的努力给我力量!坚持下去!

87. 我喜欢你对学习的专注,这也逐渐影响到了我!

88. 从你身上,我看到了金子般的品质——默默无闻地奋斗!

89. 这则笔记让我明白了做人的道理,谢谢你!

90. 你生动活泼的语言,让我也变得年轻了!

十、批评式——直接点明作业中存在的问题,促其改正

91. 你没有认真完成!下次注意啊!

92. 放松要求了吧……不能偷懒哟!

93. 为什么总有错字?希望你能改正!

94. 这不是你的水平!干什么都要用心!

95. 认真写了吗?我喜欢你上次的作业!

96. 骄兵必败哟!我们看下一次!

97. 你的朋友们快超过你啦,还不努力?!

98. 后面的作业没有前面的认真,要"持之以恒"!

99. 不可以对自己降低要求!因为你能做到更好!

100. 对更好的不断追求,必达美好生命的极致。

附三

抬眼看一下窗外
——非常时期写给同学们的一封信

亲爱的同学们,今天是2020年的2月10日,农历的正月十七,本来是原定开学的日子。从寒假的第一天起,我就盼望与同学们今天的相见,但2020年的春节以它的始料不及与史无前例写就了一个令人纠结的跨年。

新冠肺炎肆虐武汉,扩散各地;全民动员抗击疫情,支援湖北。我和你们一样,既然上不了前线,就积极响应政府号召,宅家过年。原本一个轻松的假期却因看不见的病毒变得如此的沉重、艰难。

"空中课堂""远程指导""线上互动",因为疫情歼灭战不知何时才能结束,我、老师们,还有不能复工的家长们,陪着你们一起焦虑不安,这毕竟是事关国计民生的一场"大难"。于是,一段时间,你们的假期生活成了"停课不停学"的鏖战。任课老师、班主任的线上关心,家长的监督,你们的假期学习辅导成了一对一、二对一、三对一、N对一……除了假期作业,还有对防疫知识、健康生活的恶补。于是,今年的寒假成了一个同学们热切盼望开学的假期。

可是,不好意思啊,省教育厅刚刚下发通知:鉴于目前疫情形势的严峻,各地不得早于2月底前开学。我和你们一样理解这

信心语谭

样的形势，也和你们一样知足于当下的"岁月静好"，因为前方正有一批舍身赴疫的勇士在替我们"负重前行"，甚至这里面就有部分同学的爸爸、妈妈或者哥哥、姐姐。

疫情阻击战打响以来，全国各地有1.1万医护人员驰援武汉，有1400名军队医护人员奔赴抗疫最前线，各地支援湖北省各类医疗物资累计达到1000万件次以上，社会各界捐赠的医疗防护物资也达到1000万件次以上。

在这场不容失败的战争中，全国乃至全球都成为了一个命运共同体，打赢这场战役，每个人都不是局外人。所以，接下来我要跟同学们再讲几句心里话。

假期学习是很重要的。整个假期，你们的学习都在老师的跟踪掌控中，这一点，你们有感受，我也很清楚。

但是，同学们，在埋头读书的同时请不要忘了抬头看一下窗外的世界。我们既然是这个世界的一份子，我们就要了解这个世界。做一个"声声入耳""事事关心"的人。

始于去年9月的澳大利亚山火截至目前已经连续肆虐了5个多月，烧毁了1120万公顷的森林，2500多栋房屋，33人丧命，大约有12.5亿只野生动物死于此次森林山火，数以百万计的澳大利亚人因山火烟雾窒息，由此给全球气候带来的影响难以估计。——这场大火何时才能熄灭？

目前，在东非，多达3600亿只蝗虫正在以每天90英里以上的速度席卷这片干旱的土地，一个普通的种群每天可以摧毁2500人的口粮，东非正面临着严峻的粮食危机，而且，蝗虫会沿着大陆走向最终抵达中亚、印度，甚至侵袭我国。——灾害离我们远吗？大自然是怎么了？

与澳大利亚山火同步，自2019年9月，一种致命病毒在大洋彼岸的美国蔓延！统计数据表明，这是美国40年来最致命的流感，而且是美国27年来首次爆发致命乙型流感，目前，全美范围已有1900万人感染，死亡人数高达10000人，全美50个州里，有48个州出现流感疫情。——相比目前国内的NCP疫情，不是更加恐怖吗？

话题再回到目前的这场疫情阻击战。

昨天，我看了人民日报的一篇锐评，题目叫"病毒面前，人类没有旁观者"，感触颇深。这场疫情是试金石，是照妖镜。"疾风识劲草，板荡识诚臣"；"岁寒知松柏，患难见真情"。在这场事关人类安危的大难面前，有的冷血冰点，有的倾情相助，有的隔岸观火，有的逆风而行。

钟南山，一个熟悉响亮、万民敬仰的名字，84岁挂帅出征，南山不老，大树长青，铁肩道义，危难时刻显身手，敢于发声。每当电视上看到钟南山接受记者采访，我们就觉得有了依靠。李兰娟，国之重器，我辈楷模，73岁巾帼不让须眉，始终浴血奋战在战疫第一线，看到李兰娟院士，我们就觉得战胜疾疫有了希望。

可是，同学们，今天的业界泰斗、国之栋梁，他们还有哪些不为你我所知的艰辛与奋斗，你想过吗？钟南山，出生在医学世家，父母都是医学专家，命运多舛，钟南山自己也在文革中受到诸多不公正的待遇，历经艰难，但他以德报怨、悬壶济世、造福于民的痴情不改，关键时刻力挽狂澜！他还是1959年第一届全运会400米栏的全国记录创造者，1960年北京市运动会男子十项全能亚军；李兰娟是在班主任的资助下读完了初中和高中，然后做过代课老师、乡村医生，直至成长为传染病学专家，以审慎严谨的治疗方案和敏锐快速的职业反应享誉防疫抗疫领域。

成长简历不能复制，但国士风范值得学习。同学们，学什么？

信心语谭

也许从艾青的这句诗中能有所感悟:为什么我的眼里常含泪水?因为我对这土地爱得深沉。

同学们,我真的希望你们带着对自然科学的浓厚兴趣,能很好地读懂社会、世界这部大书!不管时间长还是短,抗击新冠肺炎的战役一定会取得最后的胜利!目前,虽然你们只能待在家里,但我不希望你们禁闭了自己的视野和思维。

你们虽然不能走上抗疫的第一线,但我希望在经过了这场史无前例的大灾之后,你们能经受一次思想的洗礼。我希望在大家的假期学习中,每天能有一个小时的时间收看一下中央电视台的新闻频道,就是CCTV-13,那里有来自抗疫一线的直播,这既是我给你们的假期学习放的一个假,也是给你们布置的一个作业,希望同学们能从中受益。

我和同学们一样,也喜欢追星,像张嘉译,像陈宝国,像董卿,也喜欢看电视剧。有时也是看完一个频道再看一个频道,甚至看到深夜。但是,假期里,很多电视节目是那样的刺眼,我手中的遥控器只在两个频道节目中转换,一个是山东电视台的《急诊科医生》,一个是CCTV-13。

我是一名教师,我一直以能与医生共享社会赞誉而自豪,但这个假期让我感受到了医务工作者诸多高出于我的优秀。"上报第一人"的湖北医生张继先,在发现了新冠状病毒疫情后坚持上报,成功拉响全国抗击新冠肺炎疫情的警报;武汉市中心医院眼科医生李文亮,在发现疫情后及时向社会发出预警,避免了更多的传染,被誉为"疫情吹哨人",最后不幸在抗疫工作中以身殉职。

就在2月8号,一个简单的视频刷爆互联网:2月7日,山东大学齐鲁医院和四川大学华西医院两支医疗援助队在武汉天河机场相遇,他们自报家门,互相加油,整齐的队形,毅然的淡定,相互的关照问候,令人泪目。在这些队伍中,有很多是跟你们高中学生同龄或年龄接近的护士,当同学们还在享受室内早春的煦暖的时候,他们却背起行装走上了前线——冒着未知的风险。用新闻联播节目中一位在医治中的老奶奶的话说:谁都是娘生爹养,谁家也都只是一个两个的儿女宝贝,他们能冒着风险救死扶伤,我们不感激他们感激谁?

同学们,当我们把目光聚焦窗外的世界的时候,我希望你们能有自己的思考。

火神山医院,建筑面积3.4万平方米、可容纳1000张床位,1月25日正式开工,2月1日建成,2月2日正式交付使用,2月3日开始接诊;可提供1600张床位的雷神山医院2020年1月26日开工,2月8日交付使用。随即,武汉市13家方舱医院工程上马,并先后投入使用。很多国家几年都办不成的事,中国人8天就办成了,被世界称为"中国速度",要我说,更确切的讲,这叫中国精神!中国精神是比钢还强比铁还硬的一种坚韧意志!在此,我们还应记住这样一个名字——黄锡璆,火神山医院的建筑设计师,也是2003年非典小汤山医院的设计师,79岁。

同学们,我和你们的父辈都是看着抗战剧长大,从露天电影的六七十年代到有线电视的今天。时下,当打开荧屏,还是满目的"打鬼子",一个抗战题材拍了六十多年,伴随了三代人。是的,历史不容忘记,爱国精神什么时候都是教育主题。但我要求你们要历史地看问题。

"日方愿举全国之力,不遗余力向中方提供一切帮助,与中方抗击疫情"。这是日本的官方发言。近日,日本前首相村山富市和鸠山由纪夫也分别录制视频,为中国抗击疫情加油。每当重大灾难,中日两国总能守望相助、同舟共济,紧要关头雪中送炭。尽

信心语谭

管有时候一封信也是外交礼仪，但是日本捐助中国的是真金白银。截至2月7日，日本各界累计向中国捐赠防护口罩633.8万个、手套104.7万余副、防护及隔离服17.9万余套，以及价值三百万的大型CT检测设备等大宗物资，累计捐款3060.2万元的人民币。而此刻，日本的"钻石公主号"邮轮正停留在横滨港，已确诊64例新冠肺炎病例，船内3600余人将继续待在客舱内观察，同样面临着巨大的抗疫压力。还有，刚刚遭遇了雪灾的加拿大，在这次疫情中不做跟风族，在国际规则中支持了中国。

同学们，我真的希望你们能有一个历史的眼光、发展的眼光加辩证的思维来看我们的现在，推演自然发展，推演人类的未来。

同学们，战役还没有结束，抗疫还在继续。有多少疲惫的身影走在深夜回家的路上，有的甚至连走进自己的家门都成了奢望；有多少隔空的拥抱传递着抗疫的守望；有多少的牵肠挂肚袭上父母、儿女、夫妻的心头！还有73岁的李兰娟，84岁的钟南山，79岁的黄锡璆，那些刚刚剪掉秀美长发的护士……许多许多泪目的感人事例让我们无法平静心怀，我不知道我该对期盼开学的同学们再说些什么。

但有一句话必须告诉大家：在埋下头读书的时候，不要忘了抬起头来看看窗外的世界！那里不只是现实，还有未来！世界是古稀耄耋老人的，更是朝气蓬勃的你们的！你们有责任，有义务，更需有素养和能力！

韩忠玉
2020年2月10日

（此文刊发于2020年2月13日人民日报客户端，浏览量达44.7万，搜狐网、腾讯网、学习强国平台等知名网媒纷纷转载，引起了强烈的社会反响。）

发展人性

附四

立品如白玉，读书到青云

梁晓权

时从物外赏，又得天下才。晓权再得贤友——山东潍坊四中韩忠玉校长。从其名字——忠玉，便可感知其端品。众所周知美玉无瑕！知其人，仁厚；处其人，笃信；见其人，淳朴。特别是近两年来的交流，更可感知其为人的端方，人品与行事之合一的境界，正可谓——立品如白玉，读书到青云。

当前这样一个喧嚣浮躁又充满诱惑的世界，"胸藏文墨怀若谷，腹有诗书气自华"的韩校长，能够真正沉静下来，带领精英团队，引领优秀学子们，践行教育，读书学习。以书卷气支撑修养，以知识浸润心田，以文化陶冶情操，以格局倾情教育，把人生与生命的格局，释放于大地长天、远山沧海、城市校园、家乡建设、学子成才、文化发展之上。起早贪晚，亲力亲为，而又兢兢业业，井然有序。晓权为其感动，而又钦佩！

晓权敬重韩校长的为人及才华，因此曾赠赋一篇，也确实如赋中所写：

教育文坛，幸遇仁贤，齐鲁才子，品格正端，名为忠玉，乐静言谦，行文走笔，动吾心田，"育春蕾，启鸿蒙"，其质可见，豪迈诗句怎不惊魂，况味之诗岂能忘焉？

信心语谭

　　浩浩文坛绘彩卷,诗文彰现彩云间。月下挥笔,依窗飞烟。神韵飞湍,志飞冲天。古有文坛数才子,今有师者胜万男。字正如瀑,气势冲天。赞！志清趣雅,字正腔圆。此乃常人所不及,此乃仁贤意志坚。

　　才华横溢,中第甲元。服务名校,信心载满。羡,仁贤之举,堪称典范。教育有方,著卷鸿篇。专注苦读鸿鹄志,清心筑渠和曲弹。字斟句酌迎晨晓,欲助学子觅箴言。常如雄鹰飞万里,堪似大鹏展翅蓝天。

　　展望文坛,文章卷卷。文字之河,荡漾心田。潾潾水澈,千里婵娟。读罢掩卷,韵味甜甜。字句秀雅,字句娟娟。如清泉甘冽饮之不够,似飞瀑盈尺蓝天。有惊天之文笔,有深邃之韵味。读之朗朗上口,思之菁菁心甜。实在令人感叹！

　　红尘路上,其志以标杆航灯为旅程。敬其才学,博学谦逊,才华横溢,德才兼备,才貌双全。正可谓——智勇双全,才志双兼！此语不过,双手点赞！

　　今生能与忠玉仁贤为友,此生足矣,此生无憾！晓权定会更加勤勉,携手并肩,共同向前。

　　只有当真正深入一个人的灵魂,就会染其清品人格之芳馨。因而,晓权自然成赋。这并不是刻意而为之,而是心的相知自然间流淌出的对其钦佩之敬仰。

　　向有学识的人学习,增加自己的修为和学养。知行合一的完美组合,就是在行动上付诸以良知和良心为前提的勤奋求索。这是晓权心灵之格言悟语,惟有向韩校长致敬、借鉴、学习之。

　　晓权寻道于潜心静气的以笔撷取人生的点滴,韩校长则是以高阔的境界倾心于教育之路。结趣成自然,"万物静观皆自得,斯人可与亦同群",探究教育、求索学问的我们,志同道合人生行程的偶然相遇,相遇于前行之路,可以说:"立脚怕随流俗转,高怀犹有故人知。"爱因斯坦曾说过:"世间最美好的东西,莫过于有几个头脑和心地都很正直的严正的朋友。"生命历程当中能遇到如此有才华又低调谦和的贤才,实乃荣幸!

洪应明于《菜根谭》中写道:"交友须带三分侠气,做人要存一点素心。"因此,韩忠玉校长一直秉承着——做人以德为先,待人以诚为先,做事以勤为先,做友以信为先,于繁华喧嚣中取静,遵道而行,生命如此丰盈,如此富足。应了那句——"人品若山极崇峻,情怀与水同清幽"。韩校长其人格魅力与思想力量,渐行渐知中鼓舞着晓权。"诸事随时若流水,此怀无日不春风。"晓权欣喜于生命旅程之中与韩忠玉校长相逢相遇!

"明月一壶酒,清风万卷书。"晓权愿和韩忠玉校长一同前行于人民教育家之路,以最虔诚的热忱,倾心于对祖国未来培育之耕犁。

晓权最后衷心地祝福人民教育家韩忠玉校长——培民族之魂,植教育之光,鸿篇绵长,永世存芳!

(梁晓权,蒙古族,中国作家协会会员,当代知名女作家。其创作的散文、诗歌、报告文学等作品在国内知名报刊发表,充满着对祖国和家乡的热爱,闪耀着人文的火花,颇具影响力。)

为教育而生

徐友礼

初识韩忠玉是在 2001 年,当时他任安丘四中校长。如今著名教育家李希贵,当年由高密市教育局局长调任潍坊市教育局局长后,考察的第一所农村高中便是韩忠玉任校长的学校。我作为潍坊市教育局办公室主任陪同李希贵局长考察而有幸结识了韩忠玉校长。

记得那天局长、校长相谈甚欢。特别是校长介绍自己学校虽然在农村,招收的都是城里高中录取后的"二流三流"生源,但是凭着"每一位学生都能成功"的坚定信念,他们学校创造了普通高考和育人的"奇迹",以至于不少城里的家长把孩子送到这所偏远的农村学校来就读,原因很简单:即使考不上大学,这所学校培养的孩子对未来依然有信心!

不善长篇大论的局长,多次用"了不起"夸赞校长的探索和做法。中午饭也别有风味,学校食堂,一盆白菜炖豆腐,一盆菠菜炖粉条,和学生老师们一样的饭菜。校长、局长边吃边谈,吃的津津有味,谈的依然是学生如何成才!

当时我就想,看似不苟言谈的韩校长,没想到说起自己的办学、说起自己学校爱生如子的老师、说起一个又一个变化了的学生,滔滔不绝,眉色飞舞,脸上洋溢着幸福!

再到后来,韩忠玉参加了公开招考,由校长变成了潍坊市教育科学院的副院长。因为已经相识多年,加上又在同一座楼办公,工作接触增多,相互的了解也就更多。到了教科院以后,他负责全市的普通高中教学研究指导工作,带着高中科的教研员们跑县城、去农村,依然是兢兢业业。那几年,潍坊的素质教育、潍坊的高考,依然是有声有色,依然是名列全省第一!

但是,有一天他到了我办公室,说是交流一下思想。我当时分管全市的基础教育工作,从管理到教学,我们交谈了很多,也向他请教了很多。我发现,最令他神采飞扬的还是说到当年在学校当老师、当校长的那些鲜活事例,一说到学生两眼就放光。我当时就问他:是不是校长的岗位更适合他。他直言不讳的说:是!那次长谈,我更加坚定了一个信念:一位好校长、一位教育家是离不开学生的!

2008年,韩忠玉回到了学校,担任潍坊四中的校长。时任坊子区区委书记的丁志伟是一位充满了教育情怀的书记,为了请到外市一位知名小学校长到坊子支持教育,他亲自听课,倾心长谈,终于感动了高峰校长(现任北京市海淀区玉泉路小学校长)。几年时间,高校长东营潍坊两地奔波,在坊子办起了一所与众不同、家长向往的潍坊北海双语学校。尝到了"名校长办学校"的甜头,丁书记又把目光盯上了韩忠玉。

韩忠玉经常说,自己是抱着一颗感恩的心到四中当校长的。自从2008年被丁志伟书记"挖"到坊子以后,坊子便成了他的第二个故乡,近十个春秋殚精竭虑,他对潍坊四中的倾情奉献赢得了历任坊子区委、区政府领导的真诚支持和一致肯定,马清民、贾有余、刘升勤、扈洪波、张龙江几任领导一直对潍坊四中、对韩

信心语谭

忠玉"厚爱"有加,信心教育特色办学给潍坊四中带来的巨大变化与快速发展也赢得了坊子区委区政府对学校建设的全力支持。时任区委书记刘升勤虽然是女同志,但是办教育的魄力巾帼不让须眉,投资9亿多元的新四中已拔地而起。现任区委书记扈洪波、区长张龙江等党政领导,对潍坊四中的关心重视更是有增无减。为知己者死,知识分子多有这种情结。在我看来,韩忠玉之所以放弃了潍坊市教科院副院长的职位,在很大程度上还是那挥之不去的学生情!

从校长到院长,再从院长到校长,韩忠玉积淀的不仅是对教育更加深刻的理解,还有对学生朝夕相处产生的炙热情感!重当校长,爆发出的力度与速度,便是学校日新月异的变化!

多年来,我白天到过这所学校,晚上也专程去过这所学校,听到了老师们对校长的钦佩与称赞,分享了学生们的成功与喜悦。金杯、银杯不如老百姓的口碑。潍坊四中作为全区唯一一所高中,承担着全区人的期待与评说,从一些家长千方百计到区外上高中,到区外一些家长千方百计到四中来择校,一出一进看似简单,懂教育的人却深知来之不易。

韩忠玉校长的"信心教育法",是潍坊市教育局正式向全市推广的第一个以教师名字命名的教学法;韩忠玉校长是首届"齐鲁名校长",也是潍坊市第一届、第二届特级校长。一位好校长就是一所好学校。这是潍坊市从2002年推行校长职级制、走教育家办学之路的坚定信念。

我常想,为什么都是在工作,有的人有滋有味、幸福一生;有的人朝秦暮楚、碌碌无为?做老师、当校长,需要尽职尽责、倾心倾力。以此衡量,韩忠玉当之无愧!

他,为教育而生!

发展人性

　　信心教育大讲堂，韩忠玉校长用三十多年心血和汗水培育的丰硕之果，在潍坊这片教育改革的沃土上一定会开出更加灿烂的花朵,滋兰树蕙,桃李芬芳！

　　我虽当过老师，但没当过校长,信心教育是科学,唯恐说之不当,误导读者。仅以此,权当引子。

　　（此文于2016年12月，时值《韩忠玉信心教育大讲堂》出版之际,潍坊市教育局局长徐友礼为本书作序。）

后 记

时光如影,岁月如梭。40余年的教书育人生涯,20余年"信心教育"的实践与探索,育人的使命与责任,让我越来越喜欢用文字诉说教育的温情。尽管,有时会因为熬夜写作而腰酸背痛,体力透支,但写作带给我更多的是满足和快乐、幸福和温暖,因为心中流淌着的是对教育一如既往的炽热情怀。

《信心语谭》所集内容,主要是近十年来的教育随笔与心得。近三年来,我几乎天天以"每日一语"的形式呈现给读者。发布后,反响之强烈,出乎所料:老师、学生积极阅读,家长及各界人士热情分享,各大媒体纷纷报道……在教育界同仁及社会友人的鼓励、支持下,我才有了出版的打算。

去年,我整理了首稿;今年,赶上疫情宅家,又反复打磨。本来是按照上部、中部、下部共十卷这个体例编辑的,后来把"部"和"卷"的体例都取消了,较长的文章也删了些,以突出短小精悍的特点。

如今,《信心语谭》一书终于要面世了!继《韩忠玉信心教育法》《零距离感受美国教育》《信心教育让人生更精彩》《韩忠玉信心教育大讲堂》《成长从"心"开始》等信心教育系列图书出版后,《信心语谭》是信心教育的又一枚"果实",她倾注了我更多的汗水和心血,也是我日后升华思想的又一个新的起点。

回望一路走过的岁月,总有那么多人如我一样,对信心教育

信心语谭

笃定坚守、孜孜以求,在他们默默的帮助支持下,才有了今天的《信心语谭》。在《信心语谭》面世之际,我的心情既充满期待,也有些许不安,但更多的是感动与感激。

衷心感激各位领导的厚爱与支持,尤其新学校的建设与搬迁,是激励我创作并出版《信心语谭》的动力之一。潍坊四中的迁建是坊子区委、区政府高度重视民生事业、优先发展教育的又一大手笔。新校先进、完善、系统的软硬件设施,将助推我校的办学水平更上一层楼;新校的启用在四中的发展史上具有里程碑式的意义,潍坊四中的辉煌未来将由我们共同缔造;我们只有确立更远大的目标,付诸更有力的行动,才能不负众望;对此,我们信心满满。

衷心感激潍坊市特别是坊子区父老乡亲们的肯定与信赖。"落其实者固其根,饮其流者思其源。"全国著名教育家、原上海市大同中学校长、上海市特级校长杨明华先生莅临新校考察指导时曾说:"人民教育为人民,教育者一定要有服务社会的观念,要取之于民,用之于民。"学校办公环境舒适了,教学条件优越了,我必须以更高远的境界、更深沉的关爱、更敬业的态度,带领老师们取得更辉煌的成绩,回报社会和父老乡亲。

衷心感谢四中的老师们!你们敬业乐群,视生若子,甘作人梯,托起了学生的健康成长;衷心感谢班主任们,你们不畏辛苦,不计得失,为学校各项活动的顺利开展立下了汗马功劳;衷心感谢中层干部们,你们团结协作,率先垂范,用大局意识和担当精神推动了学校的快速发展;感谢大家,你们是学校发展的软实力,更是我撰写《信心语谭》的底气和保证。

十二年来,"信心教育"在潍坊四中这片教育的热土上扎根、开花、结果。实践证明,它的影响力是深远的,正如书中各部分所

后 记

展示的那样，它能发展学校，发展教师，发展学生，发展家长，发展人性……当然，要想让它的影响力更广泛更深远，还要靠大家共同努力！"纳百川之流成大海，通千古之典育高材。"只要我们以更饱满的热情向着建设"全省领先、国内知名的现代化特色学校"的奋斗目标阔步前进，相信定能描绘出潍坊四中"信心教育"更加灿烂的明天！这也是我出版本书的初衷。

"忠心贯日培桃李，玉树擎天荐胆心。"在《信心语谭》出版之际，请大家收拾好行囊，跟我一起，在"信心教育"的大道上，砥砺奋进，铿锵前行！

最后，衷心感激出版社的编辑同志们！在编辑本书的过程中，你们付出了很多心血，并给予了许多真诚而宝贵的建议，忠玉铭记在心。

由于时间仓促，水平有限，不足之处在所难免，敬请各位专家和各位同仁提出宝贵意见。

2020 年 8 月